原创文明中的陕西民间世界

张志春 主编

庙会

张影舒 著

陕西出版资金资助项目

西北大学出版社·西安·

图书在版编目(CIP)数据

庙会 / 张影舒著. —西安：西北大学出版社，2022.11
（原创文明中的陕西民间世界 / 张志春主编）
ISBN 978-7-5604-5059-9

Ⅰ.①庙… Ⅱ.①张… Ⅲ.①庙会—风俗习惯—中国—通俗读物 Ⅳ.①K892.1-49

中国版本图书馆 CIP 数据核字（2022）第 232669 号

庙　会
MIAOHUI

张影舒　著

西北大学出版社出版发行

（西北大学校内　邮编：710069　电话：029-88302589）
http://nwupress.nwu.edu.cn　　E-mail: xdpress@nwu.edu.cn

全国新华书店经销　　陕西龙山海天艺术印务有限公司
开本：787 毫米×1092 毫米　1/16　印张：18

2022 年 11 月第 1 版　2022 年 11 月第 1 次印刷
字数：256 千字

ISBN 978-7-5604-5059-9　　定价：90.00 元

如有印装质量问题，请与本社联系调换，电话 029-88302966。

总　序

张志春

这一套丛书说起来，是呼应全球非物质文化遗产保护运动而策划的全新选题。21 世纪之初，当"非物质文化遗产"这一概念撞入眼帘的时候，国人颇有一些陌生的感觉。似不顺口，也不知怎样简称才好。追溯传统，中国文化似乎少有从否定角度命名的习惯。除却先秦思辨中的"白马非马"的表述，一般都是直接对应且正面命名。如黑白、阴阳、昼夜、男女、好坏，无不如是。究其原初，是联合国教科文组织依据日文"无形文化财"的概念翻译此文本。所谓文化财者即文化遗产也，非物质与无形亦不过同质异构的概念罢了。它的学科基础是民俗学，期待中的非物质遗产学正在建设之中。对于这一概念，学术界初有争论，最初认作政府工作的概念，渐渐地趋于熟惯，政府、学者和民众都认可了。非物质文化遗产竟也成为这个时代街谈巷议的热词。于是乎，对于有关它的相关项目较有深度的叙述也成为普遍需求。

在这里，重温一下联合国教科文组织《保护非物质文化遗产公约》的定义是必要的。非物质文化遗产（the Intangible Cultural Heritage），指的是被各群体、团体、有时为个人所视为其文化遗产的各种实践、表演、表现形式、知识体系和技能及其相关的工具、礼物、工艺品和文化场所。其主要内容有：①口头传统和表现形式，包括作为非物质文化遗产媒介的语言；

②表演艺术；③社会实践、仪式、节庆活动；④有关自然界和宇宙的知识和实践；⑤传统手工艺；等等。概括说来，非物质文化遗产是指各种以非物质形态存在的与群众生活密切相关、世代相传的传统文化表现形式，包括口头传统、传统表演艺术、民俗活动和礼仪与节庆、有关自然界和宇宙的民间传统知识和实践、传统手工艺技能等，以及与之相关的文化空间。可以说，联合国教科文组织振臂一呼，应者云集，一个全球性的非物质文化遗产保护运动渐次展开。

在这一背景下，中国政府、学者和民众三位一体，旗帜鲜明的非遗保护运动紧锣密鼓地拉开帷幕。截至2019年9月，我国已有40个项目列入联合国教科文组织非物质文化遗产名录，居于世界榜首。作为中国非遗保护工作的重要组成部分，陕西自是硕果累累。据《陕西省非物质文化遗产网》，陕西省非物质文化遗产项目，国家级74项，省级604项，市级1415项，县级4150项。其中中国剪纸、西安鼓乐和中国皮影已入列联合国教科文组织人类非物质文化遗产代表作名录。我们适时编撰这一套丛书，就是要对陕西非物质文化遗产项目展开专属性的叙述。

当然，本丛书将是开放性规模的。它所叙述的主体将从陕西省数以千百计的非遗项目中逐步选取，可以是国家级的、省市级的，也可以是联合国教科文组织审批的全人类级别的。第一套或单一项目成册，或同类聚合。选题宜从作者把握的成熟度，亦为后续留有余地来考虑。

值得注意的是，这里的叙述并非只是地域性非遗项目常识性罗列，而是陕西形象全新向度的叙述。一提及陕西，众所周知，是周秦汉唐等十三朝建都的风水宝地，是历代精英俯仰徘徊的文化空间。在这里，帝王将相叱咤风云的业绩一再纳入底气丰沛的文字叙述；在这里，历代文人墨客留下了雄视千古的经典宝卷，成为后世荡气回肠的吟诵篇章。而这套丛书则呈现出一个与之鼎足而立的民间世界。这个由非遗项目支撑起来的意蕴丰沛的民间世界，呈现的是全新的陕西形象。

倘若向远古追溯，原始社会中，无论是讲述部落的首领还是族群，人类的叙述模式大约是混沌一体的。而进入分工明晰的文明时代，大致可分为由上层社会所掌控的文字叙述与民间习得的口头叙述、图像叙述两大类型。与国外学者的一般认知与命名相反，我国学者将文字叙述的传统视为小传统，而将原始社会以来的口头与图像叙述视为大传统。恰恰在这样的分界点上，非物质文化遗产项目从整体上带有口头叙述与图像叙述的特色。这自然是意味深长的。

毫无疑问，中国的非物质文化遗产项目，在世界性的非物质文化遗产保护格局中占有重要的位置；而陕西的非遗项目，在中国这一文化地图中占有醒目的篇幅。这里有百万年前蓝田人以敲打石器为工具的传统，这里有6000年前半坡人绘制鱼纹的图像叙述传统，这里有女娲补天、三皇五帝以来的民间口头叙述传统……而这一切的一切，与帝王将相文人雅士的文字叙述传统共同建构了中华民族厚重丰赡的古代文明。而在民间，因其可持续的生产与生活，因其信仰与娱乐，因其岁时年节，因其人生礼仪，等等，这种种图像叙述与口头叙述得以拓展与传承，活态地遗存至今天。这是源头活水，这是国宝一般的遗存啊！不少项目仿佛银杏一般，仿佛蕨类植物一般，经历毁灭无数的冰川纪而险存于今，因其珍稀而益觉珍贵了。

当然，看似截然不同甚至对峙的两种叙述方式，却并非纯然的平行线结构。千百年高岸为谷、深谷为陵，变化交错，底层的草民可能揭竿而起逆袭而成为帝王将相，顶层的冠盖人物可能因失势落到命运的底层；即便平时，底层者可能或科举或军功而扶摇直上，位高权重者可能因告老还乡等而回归平民之中。命运与身份的交替互换，环境与氛围的感染，自然使得看似对峙的两种叙述方式互渗互动，在一定意义上彼此接纳并分享了对方。这就是我们在民间仍能听到带有宫廷意味的西安鼓乐，其节奏旋律、其阵容架势、其器乐服饰、其演出仪态，无不呈现从容淡定的贵族色彩；这就是我们在大字不识的村野老妇的剪纸作品中，不时发现从远古到近代文献文物可以彼此印证的东西；这就是在宫廷官署只能台口朝北以示身份低下的戏曲，而在市井村落仍有高台教化的氛围……这也就是孔子所言"礼失而求诸野"的历史背景,这也就是王阳明认知众人就是圣人的别样依据。如果更为宏观来看,就不难发现,在中国,由于官方掌控或思维惯性种种原因,文字叙述的传统更趋向于整合、趋向于统一,多样性得不到充分发育,自由境界的表达会受到更多的压抑与悬置。而根植于民间社会的口头叙述与图像叙述,由于接地气、切实用,有意无意自觉不自觉地鼓励探索与践行、鼓励与时俱进的探索创新,以更为宽容的意态接纳着多样性,从而使得更为博大的群体中潜在的创造性智慧潜能得以自由发挥。而这一切,在历时性的推敲琢磨中,在共时性的呼应普及中,积淀在有意味的形式之中,成为非物质文化遗产丰富的库存。

基于这样的认知,我们的丛书聚焦于此,就是聚焦于这些活态的非遗项目与现实生活内在的深厚关联,聚焦于项目的活态性与文明原创性,聚焦于它在中华文明坐标系中醒目的位置,力图使读者从中获得一种认同感与历史感,获得文化多样性和激发人类的创造力的直觉认知。

譬如造纸术是中华民族对人类文明的伟大贡献之一。长安北张村造纸术、周至起良村造纸术至今仍活态存在,与出土最早的灞桥纸并生于西安地区。这种巧妙的组合最容易使我们回味原创文明的非凡价值与意味。

譬如瓷器是中华文明的标志之一。耀州窑曾是享誉天下的古代名窑之一。精湛的技艺、传承的故事以及与之内在融通的民俗,都值得我们敬畏与珍视。

茶是中华民族的伟大贡献,是人类的三大饮料之一。茶树的培养,茶叶的炮制,茶马古道的今古传通,茶人的酸甜苦辣,都是唱不完的戏、悟不透的经。

剪纸是以陕西为主体申报的联合国非遗项目。其中颇多联合国命名的民间美术工艺大师,颇多可与世界美术大师相提并论的经典作品,更有可歌可泣的艺术悲情与励志故事。

……

总之,无论黄帝、炎帝还是仓颉的神话传说,无论是古老的高台秦腔还是街市游演的社火等，既是技术，又是艺术，更是演绎人生百态的生活智慧。它因需解决生产生活难题而滋生，因需破解生存困境而建构，因需满足精神饥渴而生长；它能带来愉悦与便捷，能带来生活新感觉与趣味，能带来精神富足与自由。所以非物质文化遗产是人类智慧与创造的珍贵记忆，是历史文脉的延续，是穿越时空的文明。我们会因之对陕西的民间世界刮目相看，会惊叹，在这一方黄土高地上，在民间，竟会顺理成章地滋生如此茁壮的中华文明根系，竟会有着如此奇异厚重的创造，令人感佩不已。作为有意味形式的非物质文化遗产，绝非化石般缩居于殿堂橱窗，或弃置于被遗忘的角落，而是如山间泉溪，过去涌动而流淌，现在依然在涌动在流淌，仿佛明月徘徊于古人窗前，也徘徊于今人的窗前；它绝非外在的自然，而是灵性的创造，有温度的手作，历代堆垛式的琢磨与建构，人与天地自然对话的结晶。它以不可思议的生命力，陪伴着古人也要陪伴今人，顽强地穿越时间和空间，而在当下生活中活态地存在！种种非遗项目，通地气、惠民生，或诉说，或制作，或描绘，或剪贴，总之是文字叙述之外，文义的口头叙述与图像叙述的寄寓之物。于是乎，它并非规定动作的机械挪动，而是充盈着生命活力的四肢张扬；并非命题制作的僵硬堆砌，而是自由意志的形式呈现；并非四海统一的专制律令，而是奇山异水的百花齐放。文化的多样性在这里得以充分而健康地绽放。而多样性原本就是自由的形式，就是对桎梏生命样态的解构与放飞。

如是，或许就呈现出一个陕西形象的全新叙述。它是历史的，却不同于历史性叙述；它是活态的，却不只是瞬间即逝的摄取。历史层面的叙述仅是不思量自难忘的过去，是对业已消失的既往深情的回忆，是古今多少事都付笑谈中的言说，而它却是既贯穿远古而至今仍是活态存在。它是特写的，却不等同于纯文学。文学层面的叙述为了情思的真善美而容许虚构，而它的观察从宏观到细微，从成果到过程，无论是图像记录还是文字表述，是生活化、艺术化的全然写真，它所呈现的内容则有着相当长时间段落的积淀与绽放，甚至可以追溯到鸿蒙初辟的远古。

需要说明的是，丛书的关键词是非物质文化遗产，但并非是绝对意义上的纯然无形或非物质。非物质文化遗产是有物质载体的。它的第一载体就是人，传承人的文化行为、文化技艺、文化表演就是非物质文化遗产的典型形态。非物质文化遗产就是依托于人本身而存在，以声音、形象和技艺为表现手段，并以身口相传作为文化链而得以延续，是"活"的文化及其传统中最脆弱的部分。它是以人为本的活态文化遗产，活态流变是其发展模式。而第二载体呢，是物，就在我们身边，是耳熟能详、随处可见的。如戏曲中的文乐武乐、服饰道具，造纸技艺下的纸张、剪纸作品，制茶技艺下的茶叶；再如庙会这样的民俗文化也离不开剧场、广场等文化空间……皮之不存，毛将焉附？基于这样的考虑，我们将以一定的特写镜头聚焦这些非物质文化遗产传承人。在取与舍的斟酌中，舍弃百度式的知识组接，防止人物淹没在项目或技艺的过程叙述中，拒绝追根溯源的沉浸阻滞非物质文化遗产主体的活态现状，阻断将非遗项目与原生态生活剥离出来如钓鱼出水那样……意在知人论世，点线面结合，多层面多向度地呈现非物质文化遗产的原生态风貌，诉说代代相续千回百转的传承故事，解读其传承人有所担当的文化负重等。全面性、细节化、情感化！唯愿有所感悟的他者叙述和随笔式的灵性文字，拼成一桌文化大餐，呈现在读者面前。

2020 年 2 月 22 日

自 序

庙会，是陕西众多非物质文化遗产中极具解读意味的综合性地方社会文化活动，其蕴含的社会文化信息与意义十分丰厚。

首先，"庙会"，顾名思义是因郊庙而会。它承载着时间，从悠远的"社祭"传统而来，并伴随着宗祠、郊庙的创建，官方祭祀仪式的举行而兴起，与地方社会祭祀体系互为表里，展现民间信仰、宗教的多元交融，表达官方与民间群体，文化与经济的交往互动，和社会的推进演绎相随相生，绵绵而起，将历史、现在与未来连接起来。

其次，它呈现着空间。这种空间不仅仅是一种地域性的空间概念，更是一种植根于农耕文明、乡土社会的文化空间意涵，它体现出人们对自然物候、社会人文、时间系统的顺应，体现出人们面对祈福、禳灾，市场交流，闲暇娱乐的生活需求，以及与之相匹配的地方社会文化体系，从而仍然具有强大的地方性知识惯性与民俗文化向心力。

再次，它也是一种流动性、活态性的文化逻辑与社会事象，其重要的特征不仅仅在其物质性抑或结构性的外化形式，更在于其在历史流转与社会转型中，所呈现的神圣性与世俗性的交织，个体与群体的互动，社会与国家的共谋关系等社会文化变迁过程。

更重要的是，它的传承发展取决于具体社会结构，并作为一种地方性知识存在与表达形式，不论对个体、群体还是整个社会都十分重要。而具体庙会实践过程中所体现的结构中的实践能动性，则是实现本土文化可持续发展与地方知识再生产过程中的重要生命力与动力源。

  关于本书，主要以历时性与共时性交叠的视角来安排文字结构，以期在社会文化变迁的维度中将陕西庙会的立体与多面呈现于诸位读者的面前。

影舒于壬寅仲夏

目 录

引子
  庙会何为：酬神娱人话庙会 …………………… 1

第一章
  庙会在陕西：时间与空间 …………………… 11
   一、历史语境中的陕西庙会 …………………… 14
   二、空间维度下的陕西庙会 …………………… 22

第二章
  敬神如神在：庙会的精神内核 …………………… 33
   一、各路神仙：敬拜对象 …………………… 35
   二、迎神送神：仪式活动 …………………… 75
   三、敬神恤民：功能内涵 …………………… 103

第三章
  农耕四季：庙会的时空节奏 …………………… 111
   一、四季更迭与岁时年节 …………………… 113

I

二、农事闲暇：酬神娱人 …………………… 128
　　三、日常生活：商贸交往 …………………… 159

第四章
人神之间：庙会的继承发展 …………………… 177
　　一、地方人文的认同与重构 ………………… 182
　　二、深度游览的认知与体验 ………………… 190
　　三、传统文化的形塑与整合 ………………… 196

第五章
全球化与地方化：庙会的对话空间 …………… 209
　　一、庙会的新空间 …………………………… 211
　　二、庙会的新生态 …………………………… 225

附录
　　历代书写中的陕西庙会 ……………………… 245

后记 …………………………………………… 266

引 子

庙会何为：酬神娱人话庙会

以我齐明，与我牺羊。以社以方，我田既臧。农夫之庆，琴瑟击鼓。以御田祖，以祈甘雨。以介我稷黍，以谷我士女。

——《诗经·小雅·甫田》

今年大作社，村巷填然鼓。奚图利与名，此乐忘今古。

——〔清〕武淑：《四时田家乐·冬》

凤翔区排灯会　岳宝群/摄

在中华文明众多传统中,庙会是一种独特的酬神、娱人、狂欢综合性系列仪式活动。其最初的精神根基可追溯至远古时代的宗庙社郊制度,并随着民间信仰形式的汇入而嬗变、发展,又在汉、唐、宋时期佛、道教的制度宗教信仰仪式和相关活动形式的充实下,将庙堂祭祀、民间信仰与佛道教科仪等糅合于其中,信仰活动多元并行。

庙会伴随着岁时年节与人生礼仪,跨越社会等级而起,不仅潜隐着儒家思想的传统价值观,又在道德理性之外呈现出文化的包容性,尤其经过明清时期商品经济与人口集镇的快速增长而进一步完善,突出商贸功能的同时,在地域集体认同、血缘宗族联系、城乡体系交流、社会风俗展演、民众闲暇娱乐等方面也起到了表达文化无意识的社会认同功能,并从而成为中华文明中敬仰神灵,祈福禳灾,愉悦身心的重要地方社会、文化、经济活动。

佳县白云山庙会的香客　赵利军/摄

榆林市庙会，系红带祈求平安的姑娘　赵利军/摄

陇县正月庙会上的社火　陈团结/摄

陕西作为周秦汉唐四朝历史演进中的核心区域，不仅有儒道思想历经千年岁月流变所呈现出的制度表达与文化底色，更有祖祖辈辈农耕文明浸润中流淌出的民间传统与日常生活。与此同时，陕西多元庞杂的地方社会与文化发展，也正是在上述二者的交融中，以及和多元文化思想实践的包容整合中，逐渐层累和叠加出来的。而陕西省内的各类庙会活动，其蕴含的各类物质文化与非物质文化，自然正是在这样的历史话语与时代更迭中传承演进着，又发展变化着，是地方公共文化生活的重要载体，也是呈现地方文化的综合性民俗活动。

如今谈及庙会，大多从历代传统故纸堆中寻找梳理其文化内核与思想来源，这种重塑其精神特质重要性的观点，显然是有其出发点和对话语境的。纵览近代以来的各类破除"迷信""愚昧"的知识浪潮，轰轰烈烈的全

佳县白云山庙会　陈团结/摄

佳县白云山庙会上的唢呐队　陈团结/摄

佳县白云山庙会上参加表演的孩子　陈团结/摄

扶风县庙会观戏的民众　石宝琇/摄

国性"庙产兴学""废庙兴学"运动，改造"愚、弱、穷、私"的民众，立足于教化社会、改良庙会观念的研究调查，凡此种种，固然有其当时推广民众教育、民族救亡图存的社会文化紧迫背景，但其对地方社会中庙会活动的价值判断倾向性，却引发了或隐或显延续性的负面影响，伴随而来一股暗流涌动的社会文化思潮。

这种近代以来裹挟着知识界、文化界与政界的思潮持续影响着社会舆论对庙会活动的认知，更影响着庙会活动的实践与发展，并伴随着各种社会运动深深影响了地方社会中的庙会文化传统在群体中的认同与沿袭，使得庙会活动中的文化内核在相当程度上逐渐弱化，甚至衰落。直至20世纪80年代，有些长久以来将祭祀敬神作为中心仪式的地方性庙会活动，更是被直接冠以"物资交流大会"之名，彻底简化为地方社会定期性区域经济商贸活动的普通替代品。

因此，当进入重拾文化自信与社会认同的时代，当今人面对长久以来的社会潮流，文化反思也理应迫在眉睫，反思之下，正本溯源势在必行。但亟须看到的是，正本溯源、寻找静态化的庙会传统，从书斋、文字中寻觅庙会的踪迹也是远远不够的。因为，作为一种持续性存在的、活态的综合性社会文化民俗活动，庙会自然会随着社会文化的发展而产生内在与外在的各种变化，其参与主体的观念、活动内容的推衍等因素也都会在历史流转与社会转型中，继续呈现出各种知识生产和文化流动的外化过程。因此，作为地方社会文化研究者，着眼于不同社会语境下庙会的这种流动性与开放性的特质，并把握新时期庙会活动呈现出的社会文化脉搏，及其仍然发挥重要影响的内在精神生命力，对庙会活动现象的多元文化逻辑与实践内核做出描述与阐释，并时刻保持清醒认知是十分必要的。因为，其精神性的存在不仅仅在于其某一项物质抑或感官的外化形式，更在于其在历史流转与社会转型中所呈现的神圣性与世俗性的交织，个体性与群体性的互动，社会与国家的共谋关系等社会内化特质。简单而言，敬神娱人这一特点，不仅来自庙会活动本身，更来自其地方社会文化的价值承载与日常生活。谈论庙会,也就需要面对以下几个问题,从而进一步深入探讨与反思。

第一,地方社会中的庙会有哪些共时性特征?有哪些不同的敬拜对象、仪式组织与仪式过程?有怎样的时间节奏与知识系统?如何通过仪式活动当中的形象化、符号化的事象以及民众参与的场景化、实践性的过程来表达其意义世界?作为活态的精神传统,又如何具体呈现其社会功能与文化体系?

第二,在历时性发展的当下社会背景中,如何认识庙会在地方社会中存在的必要性,其文化主体性特点通过哪些方式呈现出来,又如何更好地与现实语境对话?现阶段有什么不同以往的特征?继承了什么,又变化发展了什么?如何更好地通过民众的主体性实践完成庙会的传承发展?

第三,全球化的时代洪流中,城镇化的发展过程中,如何重新认识与反思地方社会中的庙会活动,如何看待历史演进与传统积淀中所承载的庙会社会功能与文化基因?在多元文明、多重社会形态的交叠中,又怎样将民众的主体性表达与社会文化需求进一步融汇于新时期庙会活动当中?如何整合、理解民众、政府、知识群体以及社会资本在庙会传承中的作用与意义?如何在社会文化的复杂多义性中寻找到地方社会庙会活动的传承发展之路?

第一章
庙会在陕西：时间与空间

> 文化是包括一套工具及一套风俗，及人体的或心灵的习惯，它们都直接或间接满足人类的需要。任何东西所具有的意义又都依赖于它在人类活动体系中所处的位置，它所关联的思想及所拥有的价值。
>
> ——［英］马林诺夫斯基（Bronislaw Malinowski）

大荔县阿寿村二月二庙会，表演花苫鼓的女鼓手们　石宝琇/摄

"庙会"最早在汉代作为词汇出现在汉语的使用语境中，是一个动宾结构的词语，表示"在宗庙汇聚"的含义，如《东观汉记·张纯传》中："元始五年，诸王公列侯庙会，始为禘祭。"①由此可见，这个"宗庙"与"汇聚"都有特定的祭祀内容与参与人群。《诗经·大雅·思齐》中有"雍雍在宫，肃肃在庙"，《周礼·春官·大宗伯》中称"诸侯时见曰会"。随着历史的变迁，礼仪制度与宗教信仰内涵的复杂与多元发展，"庙会"一词所富含的祖先祭祀典章礼制的含义逐渐衍化，"庙"从"宗庙"到"家庙"再扩大到各等级、各种类统称的"庙宇"，"会"则由动词"汇聚"转化成名词，成为人们汇聚的活动形式，也推广泛化到社会各个层面，而并非仅限于宗庙之中，王侯之间。

　　到宋代儒士二程的笔下，"会"已成为"社会"，即为乡村社区中的群体汇聚形态，其汇聚祭祀的含义进一步宽泛，并体现官方治理体系与之相区别的面向，需要"为立科条"："乡民为社会，为立科条。旌别善恶，使有劝有耻。邑几万室，三年之间，无强盗及斗死者。"②明代李元弼记录了两份知县劝谕庶民榜文的范本，其中明确强调"会""社会"的民间性，及其与民众禳灾祈福等精神需求的内在关联，并对此类现象保留意见："民间多作社会，俗谓之保田蚕、人口，求福禳灾而已。或更率敛钱物，造作器用之类，献送寺庙，动是月十日，有妨经营……愚民无知，求福者未必得福，禳灾者未必无灾。汝辈但孝顺和睦，省事长法，不作社会献送，自然天神佑助，家道吉昌。"另一篇也有类似的表述："所在作社会，祈神祷佛，多端率敛，或为奇巧之物，贡献寺庙，动经旬月，奔走失业，甚则伤财破产，意在求福禳灾而已。"③

---

① 〔汉〕班固等：《东观汉记》，卷十三，《列传八》，清武英殿聚珍版丛书本。
② 〔宋〕程颢、程颐撰：《明道先生行状》，参见《二程文集》，中华书局，1985年版，第149页。
③ 〔宋〕李元弼：《作邑自箴》，参见《四部丛刊续编》，上海书店，1984年版，第6卷，第31页；第9卷，第46页。

从这些儒家文献的叙述中，可以侧面看出，"庙会"的内涵意义到宋代开始变化，至明代已产生明显的引申与转化，与此同时，明代地方志中也开始有一些零星的关于龙王庙、城隍庙、山神庙的"庙会"记载，①而到了有清一代，此类记载就更为普遍，"庙会"一词使用更为广泛的含义基本与当下没有太大差别。就是说，发展至明清时期，"求福禳灾"的民间庙会不断见诸史籍记载，庙会在地方社会中的活动则更加兴盛。"庙会"这一词汇，其原初的典章含义更多地成为经学传统中的书面诠释，与现实社会的文化事象颇有些隔膜与距离，而衍生出的含义则更广泛地为社会大众使用与接纳。

一、历史语境中的陕西庙会

1."庙会"概念在陕西

"庙会"作为与当下含义相近的词汇，最早出现在陕西地区的地方志文献资料中，见明嘉靖年间的《高陵县志》："故相传（毗沙）镇中东岳庙即（汉文）帝诞宅也。庙会在八月十五日，即帝诞辰，故异于诸东岳庙庙会也。"②而到清乾隆年间，同样的情况就更为普遍，如翟世琪撰《重修太史庙记》中记载庙会的情况："韩城县之南，滨河为芝川镇。镇城之南为司马坡。东临黄河，西枕高岗，为有汉太史公司马迁墓，墓前有庙，庙极灵，福善

---

① 有学者指出，"庙会"一词最早出现在清末张培仁的笔记《妙香室丛话》中，其中写道"京师隆福寺，每月九日，百货云集，谓之庙会"，因这本笔记时间最晚至1854年，即就是说，"庙会"词汇不晚于1854年就已出现。但根据各类地方史志材料所见，这一看法显然是值得商榷的。
② 〔清〕《高陵县志》，卷七，明嘉靖二十年刊本。

祸淫，一一如春秋之笔。民间祷祀，今已千七百余年。……余亦以太史公庙，与渎祀不同……又自康熙八年，众为太史公庙会……"①《华阴县志》载："（三月）十五日，为邑人登华之期。……是月，岳庙会期起于望，讫晦而止。商贾云集，兼之四方香客，结社而至，喧阗之声，彻数十里外。"②《镇安县志》："三月二十八日，县城外东龙山，东岳神庙会。"等等。③

司马迁像，《历代古人像赞》，明刻本

---

① 〔清〕《韩城县志》，卷十一，《艺文》，清乾隆四十九年刻本。
② 〔清〕《华阴县志》，卷二，《风俗》，民国十七年铅印本。
③ 〔清〕《镇安县志》，卷八，《典礼》，清乾隆十八年钞本。

韩城市太史公祠　张影舒/摄

2."庙会"作为民俗事象在陕西

与始于明清时代的"庙会"词汇进入陕西地方历史文献记载相比,作为一种民俗事象的"庙会"在陕西地区的存在,时代却要早很多,如上文所述,因为一个词汇的意义引申转变,往往又与其文化内涵的社会变化息息相关。"庙会"的内涵从宗庙活动逐渐转变成为一种民俗事象,则是一个历时性的自上而下,推而成风的过程。两汉时期,如盩厔(周至)楼观台、城固地母庙、华阴西岳庙周边都有官方祀神活动,其中,汉武帝修建了祭祀西岳华山神的集灵宫,而后汉宣帝每年祭祀,所谓"岩岩西岳,峻极穹苍。……触石兴云,雨我农桑。……六乐之变,舞以致康"①。除却官方的祭祀仪式,汉代桓宽《盐铁论》中提到当时与上古时期十分不同的祭祀场

---

① 〔汉〕《西岳华山庙碑》,参见张江涛编著:《华山碑石》,三秦出版社,1995年版,第230页。

汉代，乐舞百戏图画像石（拓片），东汉，河南南阳汉画像石馆藏

景："古者，庶人鱼菽之祭，春秋修其祖祠。士一庙，大夫三，以时有事于五祀，盖无出门之祭。今富者祈名岳，望山川，椎牛击鼓，戏倡舞像。中者南居当路，水上云台，屠羊杀狗，鼓瑟吹笙。贫者鸡豕五芳，卫保散腊，倾盖社场。"①可见汉代借祀山岳之神而歌舞娱人的现象已十分普遍，涉及范围也是从官方至民间，从"国家的在场"逐渐转换成为"民众的在场"，社会各个群体的参与度增高。

至北魏时期，佛道教等宗教群体为了扩大社会影响，走出庙观，都在宗教仪式安排中增加了巡游、戏剧、舞蹈等活动形式，如北魏时期佛教盛行的"行像"活动，所谓"梵乐法音，聒动天地。百戏腾骧，所在骈比。……车骑嗔咽，繁衍相倾"②，到唐代，长安的慈恩寺、青龙寺、荐福寺等佛教场所内外周边都有大型的娱人百戏活动，"长安戏场，多集于慈恩。小者在青龙，其次荐福、永寿"③，唐代佛教祭祀歌舞则多见于敦煌壁画中，而其中颇有世俗风格的《雨中耕作图》便是一例。

---

① 〔汉〕桓宽著，陈桐生译注：《盐铁论》，卷六，中华书局，2015年版，第353页。
② 〔北魏〕杨衒之撰，范祥雍校注：《洛阳伽蓝记》，卷三，上海古籍出版社，2011年版，第133页。
③ 〔宋〕钱易：《南部新书》，卷戊，《四库全书》本。

盛唐,《法华经变》(局部),又名《雨中耕作图》,敦煌莫高窟第 23 窟北壁

除了宗教场所周边,在唐代长安的街市中,也有不少以乐敬神的活动,如"长安坊巷中,有栏街铺设,中夜乐神,迟明未已"[①]。史学界一般认为,"庙会"作为民俗事象至唐代已基本定型,而在宋以后得到普遍发展,至明清时期,则进入发展高峰期。随之而来,"庙会"活动的举办也并非仅仅局限于寺庙宫观周边,并且逐渐与上文中所述"庙会"这一词汇的意义引申泛化现象得以叠加重合。

陕西地区的情况正是如此,"庙会"也开始成为一个综合性的民俗事象,

---

① 〔南唐〕刘崇远:《金华子杂编》,卷上,《四库全书》本。

包括"社会""赛会""香火会""忙罢会""麦黄会""年节会"等诸种活动，充满复杂多元的社会现象。如北宋大中祥符三年（1010），《宋会要》中就有对法门寺周边民间"社会"严加约束规定的记载："诏：访闻关右民每岁夏首，于凤翔府岐山县法门寺为社会，游惰之辈昼夜行乐，至有奸诈伤杀人者，宜令有司量定聚会日数，禁其夜集，官司严加警察。"①

至金代《耀州三原县荆山神泉谷后土庙记》中，因对其动机产生疑问，从而对民众积极参加迎神赛会活动有具体的情境描述："每当季春中休前二日，张乐祀神，远近之人不期而会，居街坊者倾市而来，处田里者舍农而至，肩摩踵接，塞于庙下。不知是报神休而专奉香火，是纵己欲而徒为佚游，何致民如此之繁伙哉？"②可见当时地方庙会的规模之大与参与人数之多，更能看到民众对庙会趋之若鹜的热情，这种热情不仅来源于祭祀活动中的敬神祈福仪式，也来自其中的娱乐项目与热闹场景。

与此同时，随着地方经济的发展，庙会中商业经贸活动的重要性也日益突显。到明代天启年间，《渭南县志》记载："县城城隍庙、泰宁宫及田市、小石、下邽、仓头、耒化、凭信、阳运曲、员曲、堎子头、诸镇、丰庆屯、小蔺店、白寨各有会，会各有期。"③显然，城隍庙、泰宁宫的"会"与其他诸地的"会"已成为并列关系，并属于《建置志》且列于县志内容的"市集"之后，也就是说，在当时，庙会形式与商贸活动已构成了重要的关联性，商品流通与交易成为庙会的重要组成部分，并非仅仅依附于宗教礼仪和祭祀活动。这一规律在明清各县地方志中都屡有体现，此处不再更多举例。

而这种对"庙会"中商贸功能的重视，甚至有清人已将"庙"的概念

---

① 刘琳等点校：《宋会要辑稿·刑法二》，上海古籍出版社，2014年版，第8287页。
②〔清〕王昶：《金石萃编》，卷一百五十八·金五，上海古籍出版社，2020年版。
③〔明〕《渭南县志》，卷三，《建置》，明天启元年刻本。

虚化,与"市""集""会"等并列,所谓"交易于市者,南方谓之趁虚,北方谓之赶集,又谓之赶会,京师则谓之赶庙"①。这些表述与现象的背后,是与宋以来直至明清时期,民间地方经济商贸活动长足发展的状况分不开的,"庙会"也就因此有了"庙市"的别称,②"陕右赛会,每籍祀神开设,而其实在行销土货,所以通省皆有集场,两山尤有定所,有定期"③,其在地方社会实践中的经济商贸功能得以突显,成为与祭祀敬神并重的庙会两大重要区域性社会功能。

有学者研究④,到清代中后期,陕西各地举办庙会次数较之前明显增多,不仅城镇中有,而且乡村赛会更是多于城镇,且规模不断增大,全省各县多者一年办百余次庙会,少者也有十余次,正所谓"各乡村镇有会,岁以为常……乡区沿为岁例,无处无会"⑤。"庙会"这个事象意义的历时性多元

〔清〕丁观鹏,《太平春市图卷》(局部),台北故宫博物院藏

---

① 〔清〕柴桑:《燕京杂记》,参见《小方壶斋舆地丛钞》,第六秩,上海普易堂印本。
② 全汉昇:《中国庙市之史的考察》,参见《食货半月刊》,1934年,第1卷第2期。
③ 〔民国〕《续修陕西通志稿》,卷一百九十八,《风俗四》,民国二十三年线装本。
④ 参见张萍:《区域历史商业地理学的理论与实践——明清陕西的个案考察》,三秦出版社,2014年版,第292-294页。
⑤ 〔民国〕《续修陕西通志稿》,卷一百九十八,《风俗四》,民国二十三年线装本。

大荔县阿寿村二月二庙会（一）　　陈团结/摄

大荔县阿寿村二月二庙会（二）　　陈团结/摄

综合过程，实际上是一个富有流动变化性，同时又充满日常文化活力的地方社会实践过程。

而历史语境中的陕西庙会，关于陕西最早庙会的形成时间，目前没有十分准确的历史记载，学界也说法不一。但根据前文所述，大略可知庙会这一事象在陕西地区的产生发展过程也是一个内涵逐渐多元、形式逐渐多样、规模逐渐壮大的历史演变过程。最初的庙会也是伴随着宗祠、郊庙的创建，官方祭祀仪式的举行，伴随着祭祀体系与地方社会的交叠交织，佛道教与民间信仰的多元交融，官方民间群体的互为表里，文化与经济的交往互动，也和着历史的推进演绎相随相生，绵绵而起。

二、空间维度下的陕西庙会

发展到明清时期，陕西的庙会无论规模还是数量上都已达到空前的程度，大大小小的庙会从城市到乡镇，从乡镇到村庄，从寺庙宫观到街市村畔，已经遍布全省各个角落，庙会当中仪式祭祀的对象既有山川、土地、灵物、八蜡、神话人物、祖先、圣哲、帝王、宗教人物，也有地方神祇、先贤、英雄、历史人物，不一而足。与此同时，因为地方社会中经济贸易活动的发展，还有不少的庙会并不依托于寺庙宫观及各种信仰活动，而成为单纯的"庙市"或者以"集市"活动为主。如有学者统计，光绪年间，大荔县全年共举办75次庙会，只有30次是依托于寺庙宫观举办的，而其余45次只列各村寨名称，[1]可见六成庙会都是以经济活动作为重点，即使当中有个别疏漏情况，地方志中不详细记载，也显然与当时更注重庙会的社会经贸功能有关。这一情形一直延续至民国时期。

庙会自身发展至民国，逐渐从祭祀信仰、群体认同等社会整合功能更

---

[1] 张萍：《区域历史商业地理学的理论与实践——明清陕西的个案考察》，三秦出版社，2014年版，第297页。

加突出衍生出经济、娱乐等公共服务功能。与地方社会具体实践情景相对应的是，官方文书、地方史志中的文字表述则从另一层面试图反思、弱化其中的社会娱乐性，唐宋至明清时期都有社会精英、知识精英在言辞文字中对地方社会中的庙会活动或不以为意，或颇有微词，如"游惰之辈昼夜行乐"①，"不知是报神休而专奉香火，是纵己欲而徒为佚游，何如此之繁伙哉？"②又如"四月八日为城隍神庙会，城乡男女焚香膜拜，拥挤几无隙地，恶习成风，牢不可破"③，"各庙宇赛会演戏，老幼妇女三五相结饮酒看剧，聚集终日，或于神圣诞日焚香祈福，男女混杂，甚至游棍从旁讥谑，岂非自取其辱？"④

而时至民国，众多知识精英为了救亡图存、复兴民族文化，开始从学理和实践层面追求"启民智"改良社会风尚，对庙会活动的认知观念有所松动。1925年，顾颉刚等五位北京大学国学门成员前往京郊妙峰山庙会进行实地调查，并发表中国现代民俗学第一部田野调查《妙峰山进香专号》，试图为庙会在知识界"正名"，以此开始深入了解"民众的生活"；而另一方面，民国时期全汉昇、李景清等学者的研究⑤，则直接将庙会与庙市等同起来，认为二者并没有什么区别，并以经济活动作为庙会活动产生的主要缘由，却对庙会中所呈现出各种信仰中神圣性的仪式活动及娱乐活动中的社会公共性鲜有关注。

虽然上述两种一体两面尚属知识界的思潮纷争，却的确在历次社会文化运动的裹挟中逐步影响了地方社会中庙会精神传统，使庙会的敬拜信仰

---

① 刘琳等点校：《宋会要辑稿·刑法二》，上海古籍出版社，2014年版，第8287页。
② 〔清〕王昶：《金石萃编》，卷一百五十八，《金五》，上海古籍出版社，2020年版。
③ 〔民国〕《续修醴泉县志稿》，卷十，《风俗志》，民国二十四年铅印本。
④ 〔民国〕《汉南续修郡志》，卷二十七，《艺文》，民国十三年刻本。
⑤ 全汉昇：《中国庙市之史的考察》，参见《食货半月刊》，1934年，第1卷第2期，第28-33页；李景清：《中国庙市史的研究》，参见《贸易月刊》，1942年，第1卷第8期，第72-79页。

仪式性活动在一定程度上逐渐弱化直至衰落，直到20世纪80年代，不少长久以来以祭祀敬神为精神内核的地方性庙会活动，被简单冠以"物资交流大会"之名，彻底与大多数庙会活动一样，与集市一同划归区域地方社会中定期性经济商贸活动的替代品。

1991年5月18日至20日，文化部群众文化司①、中国群众文化学会委托陕西省文化厅、陕西省群众文化学会和宝鸡市文化广播电视局在陕西省宝鸡市联合召开全国庙会文化研讨会，这是国内首次将庙会文化作为专题开展的全国范围的理论学术探讨会。研讨会结束后，代表们还共同参观了周公庙，并实地考察了法门寺的庙会文化活动。②在会上，高占祥提出庙会文化的两重性，认为庙会文化是以寺庙为依托，在寺庙内及附近开展祭祀和贸易活动，是宗教和世俗的有机结合，强调庙会文化既是宗教的，又是世俗的。③其他会议论文则对各类庙会与庙会文化的概念、起源、特征、构成要素、分类、功能、社会影响及发展趋势作了概括分析与总结。

2006年，国务院批准文化部确定公布第一批国家级非物质文化遗产名录共计518项，认定非物质文化遗产是文化遗产的重要组成部分，是我国历史的见证和中华文化的重要载体，蕴含着中华民族特有的精神价值、思维方式、想象力和文化意识，体现着中华民族的生命力和创造力。保护和利用好非物质文化遗产，对于继承和发扬民族优秀文化传统、增进民族团结和维护国家统一、增强民族自信心和凝聚力、促进社会主义精神文明建设都具有重要而深远的意义。强调"保护为主、抢救第一、合理利用、传承发展"的工作方针，切实做好非物质文化遗产的保护、管理和合理利用工作。也正是从此时开始，逐步开展的非物质文化遗产工作才正式为民间

---

① 文化部公共服务司前身。
② 高占祥主编：《论庙会文化》，文化艺术出版社，1992年版，第285页。
③ 高占祥：《民风民俗的缩影——论庙会文化》，参见高占祥主编：《论庙会文化》，文化艺术出版社，1992年版，第80页。

信仰正名，使其在公共知识与地方社会中逐渐复归本位，作为非遗应有组成部分的民间信俗、社会文化等庙会活动也自然成为地方社会公共文化的重要组成部分。

在这样的现实背景下，庙会活动作为一个民俗事象的社会文化侧面，在国家政府制度层面得以恢复与强化，也使得从空间的维度来具体归纳总结具有地方社会文化特色的陕西地区庙会成为可能。其中，国家级非物质文化遗产项目2项，省级项目近50项，各市县级项目数量则更多。

级别	年份	项目名称	地点
国家级	2008年（第二批）	药王山庙会	铜川市耀州区
	2014年（第四批）	彬县灯山会	咸阳市彬州区
省级	2007年（第一批）	白云山庙会	延安市佳县
		延安老醮会	延安市
		陈炉窑神庙春秋祭祀礼仪	铜川市印台区
		尧山圣母庙会	渭南市蒲城县
		谷雨祭祀文祖仓颉典礼	渭南市白水县
		司马迁民间祭祀	渭南市韩城市
		斗门石婆庙会和七夕传说	西安市长安区
		长安王曲城隍庙祭祀和庙会	西安市长安区
		临潼骊山女娲风俗	西安市临潼区
		武侯墓清明祭祀活动	汉中市勉县
	第二批（2009年）	横山牛王会	榆林市横山县
		香山庙会	铜川市耀州区
		蕴空山庙会	渭南市华州区
		医陶始祖与雷公庙会	渭南市白水县
		渭河南忙罢古会	咸阳市秦都区
		楼观台祭祀老子礼仪	西安市周至县

续表

级别	年份	项目名称	地点
省级	第二批（2009年）	华夏财神故里祭祀活动	西安市周至县
		户县北乡迎城隍民俗活动	西安市鄠邑区
		西安都城隍庙民俗	西安市
	第三批（2011年）	定边赛驴会	榆林市定边县
		绥德定仙墕娘娘庙花会	榆林市绥德县
		鱼荷堡府城隍庙庙会	榆林市榆阳区
		延安太和山庙会	延安市富县
		洛川灯会	延安市洛川县
省级	第三批（2011年）	无量山莲云寺庙会	延安市黄龙县
		阿寿村二月二庙会	渭南市大荔县
		龙门洞庙会	宝鸡市陇县
		灵山庙会	宝鸡市凤翔区
		姜嫄庙会	杨凌区
		彬县大佛寺三月初八庙会	咸阳市彬州区
		渭城区二月二古庙会	咸阳市渭城区
		宁陕城隍庙会	安康市宁陕县
	第四批（2013年）	华山庙会	渭南市华阴县
		漫川古镇双戏楼庙会	商洛市山阳县
	第五批（2016年）	杨凌恩义寺庙会	杨凌区
		镇安元宵灯会	商洛市镇安县
		西乡午子山三月三庙会	汉中市西乡县
	第六批（2018年）	白草寺庙会	榆林市清涧县
		武帝庙会	渭南市澄城县
		周公祭典	宝鸡市岐山县
		农神后稷祭祀	杨凌区
		地母庙会	汉中市城固县

如果按陕西省从北至南的三个地区来划分，则又分为下述三个表：

1. 陕北地区

地点	庙会名称	起源	正会时间	供奉主神
佳县	白云山庙会	明	三月三、四月初八、九月九	真武大帝
富县	太和山庙会	明	四月初八	真武大帝
榆林市	鱼河堡府城隍庙庙会	明	正月十三	城隍
横山区	横山牛王会	明	正月十五	牛王菩萨 西天古佛
黄龙县	无量山莲云寺庙会	明	正月初一、十五 六月十九	释迦牟尼 三圣祖师
清涧县	白草寺庙会	明	三月三、四月初八 八月十五	娘娘、释迦牟尼、玉皇大帝
绥德县	定仙墕娘娘庙花会	明	三月十八	娘娘
洛川县	洛川灯会	清	正月十五	关公 南海观音
定边县	定边赛驴会	清	正月初十	
延安市	延安老醮会	民国	二月二	真武大帝 西天古佛

2. 关中地区

地点	庙会名称	起源	正会时间	供奉主神
临潼区	骊山女娲风俗	远古	六月十三	女娲
凤翔区	灵山庙会	远古	四月初一	灵山老母
杨凌区	姜嫄庙会	周	正月廿三	姜嫄
杨凌区	农神后稷祭祀	周	正月十三、正月廿三	后稷
陇县	龙门洞庙会	春秋	三月三	西王母 真武大帝

续表

地点	庙会名称	起源	正会时间	供奉主神
华阴市	华山庙会	汉	三月十五	西岳大帝
白水县	谷雨祭祀文祖仓颉典礼	汉	谷雨	仓颉
岐山县	周公祭典	汉	三月十五	周公
周至县	楼观台祭祀老子礼仪	汉	二月初十	老子
韩城市	司马迁民间祭祀	汉	清明	太史公
铜川市	香山庙会	魏晋	三月十五、十月十五	观音菩萨
彬州市	大佛寺三月八庙会	南北朝	三月初八	释迦牟尼
蒲城县	尧山圣母庙会	唐	清明	尧山圣母
杨凌区	恩义寺庙会	唐	正月廿三	
咸阳市	渭城区二月二古庙会	唐	二月二	药王孙思邈
铜川市	陈炉窑神庙春秋祭祀礼仪	唐	正月二十 八月十五	雷祥
长安区	斗门石婆庙会	唐	正月十七、七夕	牛郎织女
铜川市	药王山庙会	唐	二月二	药王孙思邈
白水县	医陶始祖与雷公庙会	宋	四月廿二、十月廿二	雷祥
彬州市	灯山会	元	正月十五	释迦牟尼 齐天大圣
周至县	华夏财神故里祭祀活动	明	三月十五 六月六	财神赵公明
西安市	西安都城隍庙民俗	明	四月初八	城隍
长安区	王曲城隍庙祭祀和庙会	明	二月初八	城隍
鄠邑区	北乡迎城隍民俗活动	明	正月初六	城隍
大荔县	阿寿村二月二庙会	明	二月二	药王孙思邈
澄城县	武帝庙会	明	三月十五	汉武帝
咸阳市	渭河南忙罢古会	清	六月初一	

3. 陕南地区

地点	庙会名称	起源	正会时间	供奉主神
城固县	地母庙会	汉	十月十七至十月廿一	地母
勉县	武侯墓清明祭祀活动	汉	清明	武侯诸葛亮
镇安县	镇安元宵灯会	汉	正月十五	天神
西乡县	午子山三月三庙会	宋	三月三	真武大帝
石泉县	庖汤会	明	腊月初七	
宁陕县	城隍庙会	明	四月初七至初九	城隍
山阳县	漫川古镇双戏楼庙会	清	三月三	关帝

从上述三个表中可以大致总结出以下几个特点（具体分析详见后文）：

从总体数量来看，被列为国家级、省级非遗项目的庙会活动，关中地区分布最多，陕北地区次之，陕南地区分布最少。

从分布区域特征来看，陕北地区的庙会活动集中的地理区域大多分布在山区，关中、陕南地区的庙会活动集中的区域则较为分散。与此同时，陕北与关中地区的一些庙会活动辐射面更广泛，涉及周围邻近省份，如山西、内蒙古、河南、甘肃、宁夏、青海等地。

从时间跨度及庙会活动内涵来看，关中地区的庙会活动起源时间更早，涉及朝代更多，其崇拜的主神种类繁多，信仰面向较为多样，涉及原始神祇、祖先神祇、神话人物、帝王、英雄、地方先贤、行业神、历史人物，等等；陕北地区的庙会活动起源时间较晚，地方社会民间信仰意味相当浓郁，信仰主神更具有区域化特征，以真武大帝最为常见，兼及其他信仰神祇；陕南地区的庙会活动数量较少，信仰主神的区域性特征较少，地方社会民间信仰意味较浓郁。

横山区牛王会　陈团结/摄

关中平原赶庙会的人　陈团结/摄

鄠邑区二月二庙会　陈团结/摄

第二章
敬神如神在:庙会的精神内核

凡治人之道,莫急于礼;礼有五经,莫重于祭。

——《礼记·祭统》

国之大事,在祀与戎。

——《左传·成公十三年》

榆林市黑龙庙正殿献供 赵利军/摄

一、各路神仙：敬拜对象

庙会的精神内核来自民间社会的信仰活动，最初的精神根基可追溯至远古时代的宗庙社郊制度，①并随着民间信仰形式的汇入而嬗变发展，又在汉、唐、宋时期佛、道教的制度宗教信仰仪式和相关活动形式的充实下，将庙堂祭祀、民间信仰与佛、道教科仪等糅合于其中，多元并行。

如果说先秦两汉时期陕西地方社会的信仰活动还是以自然神、原始神及祖先神的敬拜、祭祀仪式为主，那么随着时代的变迁，儒家思想的中心地位逐步确立，外来的佛教信仰从西域融入中土，庙会活动的精神内核也逐渐由单一走向多元，从专有性的祭祀礼仪活动逐渐转变成为参与性的综合礼仪活动，到了唐代，"唐代礼制的一个重要特色正是将一些抽象的儒家

祭祀乐舞图，米脂县官庄四号墓画像石拓片（局部）②，汉代

---

① 高有鹏：《中国庙会文化》，上海文艺出版社，1999年版，第12页。
② 李林、康兰英、赵力光编著：《陕北汉代画像石》，陕西人民出版社，1995年版，第20页。

原则以世俗化的方式加以落实。对于百姓而言，国家祭祀的神祠色彩则可使他们从自身的立场加以理解。在这个意义上，国家祭祀不再只是一种遥不可及、高高在上的官方仪式，也可以寄托民众个人的感情和愿望，从而成为国家藉以规范民众信仰的手段，其自身也因此获得更为广泛的民间基础。"①

进入宋代，随着市井生活与经济活动的深入发展，庙会当中的祭祀活动也更为丰富多样，信仰、商贸、文化、游艺活动融为一体。与此同时，从先秦社日祭祀所衍生出的民间社火、各村赛社与固定化的戏楼戏台演出共同成为庙会活动的重要祭祀仪式与组成部分，沿街游走是其最为突出的特点，也为民众喜闻乐见，"岁熟乡邻乐，辰良祭赛多"②，"赛社鸡豚具，迎神箫鼓鸣"，而崇拜的神祇也"为民祈祷多灵应，来岁丰穰定有成"③。

至明清时期，陕西的庙会无论规模还是数量上都已达到空前的程度，大大小小的庙会从城市到乡镇，从乡镇到村庄，从寺庙宫观到街市村畔，已经遍布全省各个角落，庙会当中仪式祭祀的神祇既有山川、土地、灵物、八蜡、神话人物、祖先、圣哲、帝王、宗教人物，也有地方神祇、先贤、英雄、历史人物，不一而足，其精神内核的多元化与复杂性达到了空前的高峰。与此同时，因为地方社会中经济贸易活动的发展，还有不少的庙会并不依托于寺庙宫观及各种民间信仰活动，而成为单纯的"庙市"或者以"集市"活动为主。

---

① 雷闻：《郊庙之外》，生活·读书·新知三联书店，2009年版，第100页。
② 〔宋〕陆游：《赛神》，《剑南诗稿》，参见《陆游集》，卷四十八，中华书局，1976年版，第1189页。
③ 《感德军五台山唱和诗》，参见王福民编著：《药王山石刻集萃》，中国传媒大学出版社，2009年版，第68页。

《龙王献海上仙方图》，宋神宗元丰四年（1081）原刻，金大定九年（1169）重刻①

至民国，庙会活动逐渐从祭祀信仰、群体认同等社会整合功能更加突出衍生出经济、娱乐等公共服务功能，但庙会活动中祭神传统仍然作为长久而来的社会文化记忆，积淀在其各个地方社会的仪式继承与发展中，并延续至今。

---

① 《耀州华原妙应真人祠记》碑额，北宋元丰四年，金大定九年重刻，参见曹永斌编：《药王山碑刻》，三秦出版社，2013年版，第179页。

1. 原始、自然神祇：山川、植物、动物

乌丙安先生认为，民间信仰是在民众生活中普遍存在的日常民俗事象，包括自然信仰、动植物信仰、灵魂信仰和图腾信仰等多种形态。[①]人类对自然山川的敬畏与崇拜古已有之，《礼记·祭法》载："山林川谷丘陵能出云、为风雨、见怪物，皆曰神。"这种原始自然神祇崇拜的思想，逐步演进为对自然神祇人格化的改造。华山位于中华大地的西方，便成为掌管西方的神祇，称作西岳、西岳大帝。西岳是五岳之一，《史记·封禅书》中写道："黄帝曾畅游于此，与神仙相会。"《尚书》中也记载"唐尧四巡西岳"，《尚书·舜典》中又叙述"八月西巡守，至于西岳，如初"，并详细记载远古舜帝巡游于华山。

随着华山崇拜进入国家祀典，西岳信仰逐渐延续下来，又产生了供奉西岳大帝的信仰空间——西岳庙。西岳庙形成于两汉时期，西汉元光年间，汉武帝在黄埔峪建"集灵宫"行封禅礼，"孝武皇帝修封禅之礼，思登假之道，巡省五岳，禋祀丰备。故立宫其下，宫曰集灵宫，殿曰群仙殿，门曰望仙门"[②]，每年农历三月十五日，举行拜岳大典，祭祀"西岳大帝"。东汉桓帝后将"集灵宫"更名为西岳庙，并作祝词云："岩岩西岳，峻极穹苍。奄有河朔，遂荒华阳。触石兴云，雨我农桑。资粮品物，亦相瑶光。"[③]这种祭祀中祈雨助农桑的观念，与民众的日常需求和生活场景密切连接起来，构成西岳大帝民间信仰活动的核心精神，继而汇聚为西岳华山庙会与国家祭典的连接点与交集处，西岳大帝也成为历朝历代国家与地方社会的保护神，正所谓"西岳华山之神，耸峙关中，照临西土"[④]。

[①] 乌丙安：《中国民俗学》，辽宁大学出版社，1999年版，第299页。
[②③]《西岳华山庙碑》，参见张江涛编著：《华山碑石》，三秦出版社，1995年版，第230页。
[④] 李榕编：《华岳志》，卷首《圣制》，成文出版社有限公司，1970年版，第29-30页。

〔宋〕李公麟,《西岳降灵图》(局部),故宫博物院藏

每年农历三月初一至十五,华山西岳庙会举行,"三月一日,男妇赴西岳神祠,供香座前油瓮,添油还愿……十五日为邑人登华之期,自云台观上至松桧峰,往来交错于峻岭邃谷之间。是月,岳庙会期,起于望,讫晦而止。商贾云集,兼之四方香客,结社而至,喧阗之声彻数十里外,朝礼西岳布施香,住持黄冠亦藉是获终岁之计。"①

---

① 〔清〕《华阴县志》,卷二,民国十七年铅印本。

李亦园先生说:"中国民间信仰是一种普化的宗教,所谓普化的宗教就是扩散的宗教,也就是其信仰、仪式及宗教活动都与日常生活密切相关。"①中国自古以农业为本,一切生产生活围绕农耕开展,牛很早就被广泛运用于农业种植活动中,《山海经·海内经》有言:"后稷是播百谷。稷之孙曰叔均,是始作牛耕。"②牛作为生产工具,是农耕生计方式中不可或缺的帮手,与民众的日常生活联系紧密,自然得到民众的重视,并在日常生活中扮演着重要角色。这种重要性,使得民众对牛这一形象产生了崇拜,日常生活扩散成为民间信仰的一部分。

与此同时,信仰活动又与农耕日常生活相融合,牛成为敬土保民、富含农耕文明精神内核的动物神祇。《史记·秦本纪》中记载秦文公二十七年(前739),雍南山的一棵大树,"树断,一青牛出,走入丰水中"。武都郡为其"立怒特祠,是大梓牛神也"③。可见在当时,秦地已经有祭牛神的风俗。清李调元《新搜神记之神考》引郦道元《水经注·列异传》,认为"怒特祠"乃"今牛王庙之始",有学者认为此处尚可商榷,民众对牛产生信仰、神化的过程理应时间更早。不过,对于牛神信仰的影响历经变迁,至宋代才开始将保护耕牛之职责统一于一神,称作"牛王""牛王菩萨",并与孔子弟子冉伯牛形象混淆一体成为民间信仰动物人格化的特征。④

直至今天,在汉族与少数民族聚居区都有祭祀牛王习俗,陕西北部横山县马坊一带4个乡镇41个村庄的牛王会就是这一牛神信仰的延续,举办地主要位于以无定河为分界线的北岸毛乌素沙漠风沙草滩区,及南岸黄土高原丘陵区域的农耕文化与游牧文化结合带。每年的正月十五(牛王菩萨圣诞之日),当地都会举行一种形式独特的放赦祈福大会——牛王会。据马

---

① 李亦园:《文化的图像》,台北允晨文化实业股份有限公司,1992年版,第180页。
② 袁珂:《山海经校注》,上海古籍出版社,1980年版,第300页。
③〔汉〕司马迁:《史记》,卷五,中华书局,1959年版,第181页。
④ 吕宗力、栾保群:《中国民间诸神》,河北教育出版社,2001年版,第353-354页。

横山区神楼之中的牛王菩萨　赵利军/摄

坊华严寺原存碑记记载,早在明朝时期马坊及周边地区的牛王会便极为兴盛。明宣德二年(1427),工部尚书王复曾进献鎏金铜熏炉一鼎,善男信女自发云集华严寺供奉牛王,之后又逐渐演化成了包括迎神、打老醮、社火、转九曲、升幡塔、跑马放赦等一系列活动的宗教祭祀活动,活动影响遍及整个陕北地区,甚至黄河东岸的山西。横山牛王会是植根于民间社会的民俗文化活动,历史上陕北地区战争频仍,明代属延绥边地,自然灾害频发,民众举行该活动起源于祈福牲畜禳灾避疫,并逐渐衍生出敬天保民、祈福平安之义。

镇巴县庙会上的傩戏表演者　陈团结/摄

2. 始祖神祇：女娲、老母、地母、姜嫄、黄帝、后稷、仓颉

考古出土文物证明，中国早期文化多样性发展的特征是毋庸置疑的，苏秉琦先生也表示"根深蒂固的中华大一统观念是一个有关中国历史认识的怪圈"[①]，但根据众多文献史料记载，统一的历史观念与祖先共同体意识在文字叙述中很早就已形成。虽然原始部族在创立初期都有其各自祖先，但经过商周时期虚拟血缘、宗教化、国家化的祖先神祇认同这一长期过程，促进了部族融合，祖先神祇崇拜出现跨越区域的文化共性，到西汉，《史记·五帝本纪》中，司马迁已这样写道："余尝西至空桐，北过涿鹿，东渐于海，南浮江淮矣，至长老皆各往往称黄帝、尧、舜之处，风教固殊焉，总之不离古文者近是。"

作为中华文化祖先神祇崇拜的祭祀活动延续至今，但只有黄帝、炎帝信仰的祭祀仍然属于国家级的官方祭典仪式活动，与庙会活动有一定的差别和距离，其余绝大多数祖先神祇崇拜作为地方性庙会活动的精神内核，其祭祀仪式的过程和活动形式较为多元融合，也更具多重性的社会文化读解性。

在陕西地区，崇拜女性祖先神的庙会活动尤其丰富，并具有广阔的文化影响力与深厚的历史基础，即围绕老母、地母、姜嫄等神祇崇拜为主题的庙会活动。女娲是古代传说中的创世神、始祖神，相传女娲在骊山采五色石补天、抟土作人，功绩斐然，"女娲继兴于丽，为临潼肇始，立祠于骊山，祀之宜也。天皇纪女娲为伏羲氏妹，故称老母"[②]，"太华崇峻龙门奇险绣美数骊山，天地人寰肇始老母乃先祖"[③]。

[①] 苏秉琦：《中国文明起源新探》，生活·读书·新知三联书店，1999年版，第4页。
[②]〔清〕《临潼县志》，卷三，清乾隆四十一年刊本。
[③] 骊山老母宫楹联。

如今临潼的老母宫中，供奉的是骊山老母，在道教中被尊称为"万灵至尊大道无极圣母"，有学者根据神话及文献资料论证认为骊山老母不是女娲，但又明确指出学术考证与地方文化实践之间的多重读解可能，当地民间庙会的祭祀供奉活动中将骊山老母与女娲合二为一，流传已久，仍具有社会文化实践的开放性。①在临潼地方志书中，曾专门就这二者的异同做一叙述，"老母祠说，徐德谅辑《路史禅通》记：女娲氏，太昊氏之女，弟少佐，太昊氏正姓氏，职婚姻，通媒妁，以重万民之利，是曰神□，太昊氏衰，共工作乱，于是灭共工氏而迁治于中皇山之原，继兴于丽，《长安志》亦云丽山有女娲治处，今骊山第二峰，老母同疑即女娲氏，而前志以授经碑，即指为李荃所遇老母，恐误，夫享记与功德相□"②，骊山"白鹿观，在县西南一十五里骊山中。本骊山观有老母殿，唐高祖武德六年幸温泉，傍观川原见白鹿，遂改观名"③。

可见，女娲崇拜在骊山有文化遗存，且早在清初时期的祭祀活动中，骊山老母与女娲已经混同一体。因此，骊山庙会中祭祀崇拜的"骊山老母"，也具有女娲文化原型的独特属性，在这一历史层累的特殊语境下，"骊山老母"和"女娲"的精神内核是重叠在一起的。也正是如此，在第一批省非物质文化遗产评定中，该祭祀庙会活动被定名为"骊山女娲风俗"。

每年从农历六月十一日至十五日，临潼骊山举行纪念女娲诞辰的盛大庙会活动，为期五天。女娲信仰是母系氏族社会文化的遗留，《抱朴子·释滞篇》：女娲地出。她抟土造人的神话传说预示着人类自身繁衍生息的精神意义，对她的崇拜活动自然演化为后世求子祈嗣的重要内容之一，正所谓"祈嗣则送子观音、骊山老母，九月九日祷祝拔神前花，生子则沓银花"④，

---

① 杨东晨：《骊山老母非女娲》，参见《华夏文化》，2011 年第 6 期。
② 〔清〕《临潼县志》，卷九，清乾隆四十一年刊本。
③ 〔宋〕宋敏求：《长安志》，卷十五，民国二十年铅印本。
④ 〔清〕《临潼县志》，卷一，清乾隆四十一年刊本。

临潼区骊山老母宫骊山老母像　张影舒/摄

因而骊山古庙会又叫"骊山老母女媒节"。与此同时,女娲作为祖先神,炼石补天,福佑万民,敬拜活动也有祈福纳祥、护佑平安的意义,庙会期间,民众自发前往骊山老母宫朝拜,求子祈嗣,祈福纳祥,甚至夜里就住在观院中,三五成群铺张被单席地而坐、卧地而眠,形成了具有特色的骊山"单子会"。

地母,大地之母,万物的生灵,被视为"万物之母,大地母亲",是农耕文明因对土地的敬拜而信仰的大地女神,在民众心目中倍觉亲切与崇高。有学者指出,地母即为后土神,后土神在民间被称作"地母娘娘""后土老母"等。①千百年来，民众为了达到丰衣足食、安居乐业之目的，建庙塑像祭祀地母，以求赐福，保祥安泰，敬奉祈祀地母神已成为历代民众虔诚的信仰。地母神的存在是人与自然关系的中介，并因而具有典型的农耕文明意识形态精神。土地生长万物，有巨大的繁殖力，如同母亲生育子女一样，也就自然会被比喻为母亲。与此同时，天地和合，自然对应，上天下地，尤其阴阳五行说崛起之后，天为阳，地为阴，土地也就成为地母。《易·说卦》："干，天也，故称乎父。坤，地也，故称乎母。"《汉书·礼乐志》中引用《郊祀歌》："后土富媪，昭明三光，穆穆优游，嘉服上黄。"《城固县志》记载，地母庙兴建于东汉献帝初平二年（191），受张鲁"五斗米道"影响，修建了地母庙，并兴起地母庙会，会期为农历十月十七至十月廿一，共五天。

《诗经·大雅·生民》描述祭祀姜嫄："厥初生民，时维姜嫄。生民如何？克禋克祀，以弗无子。履帝武敏歆，攸介攸止，载震载夙。载生载育，时维后稷。"《毛传》中曰："粤稽姜圣母，帝喾元妃，周之始祖母也。"《史记·周本纪》："周后稷，名弃。其母有邰氏女，曰姜原。姜原为帝喾元妃。姜原出野，见巨人迹，心怡然说，欲践之，践之而身动如孕者。"姜原，即为姜嫄。姜嫄是周人祖先后稷的母亲，虽然有关后稷的父亲以及姜嫄弃子之事学界均有不同观点，但周人将姜嫄视作自己的女性始祖，却是毋庸置疑的。

在周人活动的周原故地——陕西关中地区，特别是西府凤翔、岐山、武功、杨凌一带，对姜嫄的崇拜活动一直延续至今，以姜嫄信仰为精神内核的庙会活动也依然隆重丰富。其中，杨凌区揉谷镇姜嫄村、法禧村作为周代古邰国的故地，每年农历正月二十三日举行规模宏大的姜嫄庙会，姜嫄村及周边民众均参与其中，场面极为壮观。岐山周公庙中亦有姜嫄祠，每

---

① 李志鸿：《后土信仰与中国民间信仰》，参见《世界宗教文化》，2018年第3期。

周至县地母神像　张影舒/摄

杨凌区小灵山道观地母圣会　张影舒/摄

年农历三月初三至十五举行庙会，四方民众甚至甘、宁、川、晋、豫的香客也慕名而来，"……岐之卷阿，旧有姜嫄圣母庙，由来已久，列于祀典，享以少牢。每逢暮春报赛，远近祈嗣者肩摩踵接"①。庙会期间有丰富多彩的祭祀典礼、游村赐福、祈福禳灾、求子还愿、敬香唱戏、文化演艺等活动。姜嫄庙会祭祀活动分为献花、献食、献文、献乐、献香、答礼、演艺、吃孝子面八个环节。更重要的是打上了上古时期祭祀活动的烙印，传承着悠久的祭祀文化的原貌。姜嫄庙会是祖先文化、农耕文化、祈子文化、孝悌文化、表演艺术、手工技艺传承的载体，展示了独具特色的地方社会文化。

另外，有关姜嫄"履大迹生后稷"，《太平御览》中称："周本姜嫄，游閟宫，其地扶桑，履大迹生后稷。"②闻一多先生解释作："上云禋祀，下云履迹，是履迹乃祭祀仪式之一部分，疑即一种象征的舞蹈，所谓'帝'实即代表上帝之神尸，神尸舞于前，姜嫄尾随其后，践神尸之迹而舞，其事可乐，故曰'履帝武敏歆'，犹言与尸伴舞而心甚悦喜也。'攸介攸止'，介，林义光读为愒，息也，至确。盖舞毕而相携于幽闲之处，因而有孕也。"③而这一母系氏族群婚制的社会文化反映，也体现在姜嫄庙会活动曾有的过夜祈子、桑林风俗活动当中。

随着父系氏族社会及儒家宗法制度的兴起，男性祖先的崇拜活动也逐渐形成发展起来。正如上文所言，男性祖先崇拜中黄帝、炎帝祭祀活动至今仍举行国家级的官方祭典仪式，与民间庙会活动有一定的区别和距离，所以此处不再详细叙述，而对周人始祖后稷、造字始祖仓颉的庙会祭祀活动，至今仍然内容丰沛、影响深广。后稷作为周人的始祖神，教人农耕稼穑的诸种事迹，最早来自《诗经·大雅·生民》中的叙事描写："厥初生民，时维姜嫄……载生载育，时维后稷……诞后稷之穑，有相之道。茀厥丰草，种

---

① 〔清〕王文德：《姜嫄圣母感应记》碑，清道光十三年（1833）。
② 〔宋〕李昉等：《太平御览》，卷一百三十五，中华书局，2000年版，第655页。
③ 闻一多：《神话与诗》，华东师范大学出版社，1997年版，第73页。

武功县姜嫄水乡景区后稷拜母像　张影舒/摄

武功县武功镇姜嫄墓　石宝琇/摄

武功县稷山后稷庙　石宝琇/摄

杨凌区教稼园后稷像　张影舒/摄

之黄茂。实方实苞，实种实褒。实发实秀，实坚实好。实颖实栗，即有邰家室。诞降嘉种，维秬维秠，维穈维芑。恒之秬秠，是获是亩。恒之穈芑，是任是负，以归肇祀。"其中不仅记录了后稷的出生过程，也有后稷在邰地开展农事活动的种种片段。

有学者指出，后稷形象先后经历了农作物、农官、人祖的发展演变，但"载生载育"的生殖意蕴，及其与农业、农官、农事的紧密联系，始终是后稷神性的现实社会文化基础。①农神后稷祭祀活动主要分布在杨凌区揉谷镇的姜嫄村和法禧村一带及杨陵后稷教稼园，姜嫄村的后稷祭祀于每年正月二十三在姜嫄古祠后稷殿进行，与姜嫄圣母祭典仪式同时进行，法禧村的后稷祭祀于每年正月十三在后稷庙举行。千百年来两村有关农神后稷的祭祀活动一直未曾中断，村民耍狮子、闹社火、唱戏，举行各类仪式活动。

仓颉，原姓侯冈，名颉，俗称仓颉先师，又称作史皇氏、仓颉大帝、苍王、仓圣等。战国文献《世本·作篇》中记载："沮诵、仓颉作书。沮诵、仓颉为黄帝左右史。"②至战国末年，《吕氏春秋·君守》载："奚仲作车，仓颉作书，后稷作稼，皋陶作刑，昆吾作陶，夏鲧作城，此六人者所作当矣。"③至汉代，仓颉形象的文化地位逐步提高，《淮南子·本经训》称仓颉为"史皇"，记"史皇生而能书"④，随着西汉后期谶纬之学兴起，仓颉形象又有了进一步变化，如纬书《春秋元命苞》载："仓帝史皇氏，名颉，姓侯冈，龙颜侈哆，四目灵光，实有睿德，生而能书。及受《河图》绿字，于是穷天地之变化。仰观奎星曲圆之势，俯察龟文鸟羽山川，指掌而创文字，天为雨粟，鬼为夜哭，龙乃潜藏。"⑤仓颉的形象逐步神化，不仅"龙颜侈哆"且

---

① 张俊杰：《后稷与先农：秦汉时期国家祭典中的农神信仰及其历史变迁》，参见《西北农林科技大学学报》，2018 年第 5 期。
② 〔清〕阮元校刻：《十三经注疏》（上），中华书局，1979 年版，第 113 页。
③ 许维遹：《吕氏春秋集释》，中华书局，2009 年版，第 443 页。
④ 何宁：《淮南子集释》，中华书局，1998 年版，第 571 页。
⑤ 〔清〕李锴：《尚史》，卷二十三，引文渊阁《四库全书》，第 404 册，上海古籍出版社，2003 年版，第 384 页。

〔清〕邓兆桐"教稼名区"匾,武功县后稷教稼台

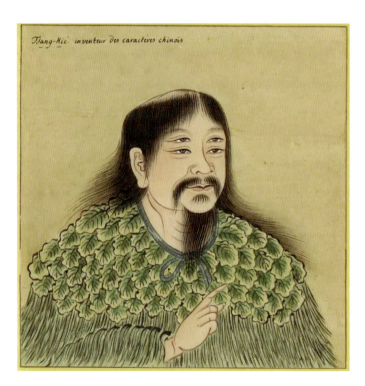

〔清〕佚名,仓颉像,《历代帝王圣贤名臣大儒遗像》(Portraits de Chinois celebres),法国国家图书馆藏

"四目灵光",显示其超凡的造字能力,其造字过程被夸张叙述与描写,使其成为造字的中华人文始祖、仓颉大帝,为百王作书,以传万嗣。

现藏西安碑林博物馆的《仓颉庙碑》中记载,东汉桓帝延熹五年(162),白水县利乡亭(即今史官镇)建立仓颉庙,"□流□刘君讳陶,字子奇,议立仓颉之祠以省察流德教于千里,而礼乐之,亲乃谘访国老而立之"①,刘陶是东汉桓帝时主管礼乐活动的侍御史。自东汉至今,因对仓颉的敬拜建立的仓颉庙以及围绕仓颉庙的庙会在陕西各地都有所分布,而以仓颉墓所在地的白水县仓颉庙会影响最大。

白水县仓颉庙大殿　王兵/摄

---

① 《仓颉庙碑》,参见高峡主编:《西安碑林全集》,第1卷,广东经济出版社·海天出版社,1999年版,第33页。

岐山县仓颉庙　张影舒/摄

每年谷雨时节，仓颉庙附近举办庙会，会期七至十天。民国时期，洛河以北的百十个村子，成立有专门的庙会组织，称为十大社，一年一度的庙会由十大社轮流主办。庙会前半个月是清明节，十大社的会长来仓颉庙烧香膜拜，祭扫仓圣之墓。继而，开会商量本年度庙会事宜。这一天，各大商号、戏剧团体、乐户、纸炮商争相到庙内报到，并决定请剧团、乐团等各项事项。庙会前几天，社长和住庙师傅一起清扫庙内庙外，冲刷石碑、砖雕、柱联等，并请当地有名望的文人给庙内各处题写新对联。主持庙会的社家，于谷雨前两天，到庙里请回仓颉泥塑像、神楼和全副执事，置于村内显眼处，又请剧团给仓颉神唱一天两晚大戏，此谓"偏寨"，表示社家村民对仓圣优先祭祀。

3. 神话传说、宗教神祇：真武大帝、西王母、释迦牟尼、尧山圣母、娘娘、石爷石婆

每个民族都有其历史叙事早期的神话传说，中国神话传说中的各种人物大多很早就出现历史化的倾向，诸位神话传说人物身上的原始图腾色彩

逐渐被崇高的伦理道德品性所取代，成为道德教化、福佑万民的形象。而这些神话传说人物，也是民间信仰中供奉的诸位神仙，并成为不少地方庙会活动中敬拜的核心神祇形象。与此同时，随着本土道教的发展与外来佛教的传入，佛道教等宗教化的神祇也进入庙会活动中，成为民众共同敬拜的对象。

真武大帝，亦称"真武""玄武"，道教尊称为"镇天真武灵应佑圣帝君"，简称"真武帝君""真武大帝"。洪兴祖注《楚辞·远游》称："玄武，北方七宿，谓龟、蛇也，位在北方，故曰玄；身有鳞甲，故曰武。"①就是说，玄武原是古代表示北方星宿之星象，后来又被引申做代表北方的天文方位。随着民间宗教的产生和发展，玄武逐渐被崇尊为北方之神，同青龙、白虎、朱雀、合称四方四神。在道教中，又常以青龙、白虎、朱雀、玄武作为其护卫神，以壮威仪。《后汉书·王梁传》中道："玄武，水神之名。"《重修纬书集成》卷六《河图》中亦有："北方七神之宿，实始于斗，镇北方，主风雨。"雨水为万物生长所需，且水能灭火，所以玄武的水神属性，颇为民间重视与信仰，取其风调雨顺以利农事之义。宋初时，即有真武、天蓬等为天之大将的传说。

至宋真宗时，《事物纪原》载："（真宗）天禧元年，营卒有见蛇者，军士因建真武堂。二年闰四月，泉涌堂侧，汲不竭，民疾疫者，饮之多愈。（真宗）乃诏就地建观，赐名'祥源'。……仁宗时，观灾既重，立易今名曰醴泉。"②可见，当时无论祥源观或改名做醴泉观，都是为供奉玄武神所创立。也是从宋真宗时期开始，为了避赵氏皇祖"赵玄朗"之讳③，"玄武"改称"真武"。在道教信仰的发展历程中，将真武神逐渐人格化加以崇拜，供

---

① 〔宋〕洪兴祖注，卞岐整理：《楚辞补注》，凤凰出版社，2007年版，第150页。
② 〔宋〕高承撰，〔明〕李果订：《事物纪原》（二），卷七，中华书局，1985年版，第257页。
③ 参见《宋史·礼志七》记载。

灰陶玄武瓦当，汉，陕西历史博物馆藏
张影舒/供图

浮雕玄武长方砖，唐，湖北武昌唐墓出土
张影舒/供图

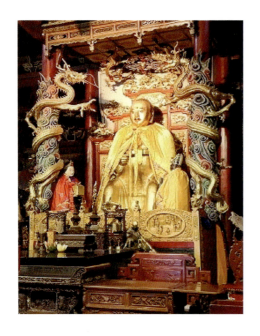

真武大帝像，佳县白云山真武殿
张影舒/摄

奉神像边多有龟、蛇形象，南宋赵彦卫《云麓漫钞》称其形象为"披发黑衣，仗剑踏龟蛇，从者持黑旗"①，汉唐之际龟蛇缠绕的玄武形象，至宋代已人格化蜕变为一位掌管北方、骁勇威猛的真武大帝。

据《葭州志》记载，明万历三十三年（1605），终南山道士李玉凤云游四方，来到白云山，观其山色秀丽，便结庐而居，采药治病，教化民众，普济众生，他医德高尚，医术精湛，一时间名扬四方，被百姓尊为玉凤真人。白云观始建于宋代，至明代在玉凤真人的主持下继续修建。明万历四十六年（1618）神宗皇帝朱翊钧给白云山颁施圣旨一道，亲赐《道藏》4726卷，从此白云山名声大振，当地官民大兴土木，营造道观，后经历代续建补葺，建成了以道为主兼有儒、释庙宇各类建筑100余处、占地200余亩的宏大宫观，并存有古建、雕塑、绘画、书法、音乐等丰富的文化艺术，为西北地区最大的明清古建筑群。

白云山的最大特点是诸神荟萃，由崇尚道教起步，因神建庙，每庙必供神，200多位神，400多尊像，各司其职又相互联系。其中以道教系列神为主，儒、释、道三教交汇，既供华夏大地供奉的传统神，也供具有地方特色的民间神。在诸种神祇之中，真武大帝是白云山庙会的主神。清朝初年，由山西的焦家硷和佳县的毛家湾两村民众将周围民众组织起来，在指定的日子里集体朝山，拜谒真武大帝，历史上称为"东朝"和"西朝"，白云山庙会初步形成。两处朝山会为避免庙会拥挤，每年一次或二年一次轮流朝山。

随着白云山知名度的日益提高，其影响也逐渐扩大到陕西的整个榆林市及延安北部、内蒙古南部、山西西部、宁夏东部等地，后来又定为以供奉的主神真武大帝的圣诞日三月初三、开光日四月初八和飞升日九月初九为三个庙会日，诸多民众拥上山来，于是就出现了不少朝山会，各个朝山

---

① 〔宋〕赵彦卫撰，张国星点校：《云麓漫钞》，辽宁教育出版社，1998年版，第90页。

会由德高望众的信众担任会长，逐渐形成民间自行管理庙会朝山活动的五大会。同样以供奉真武大帝作为信仰主神的庙会活动，还有陕北地区的太和山庙会、延安老醮会，以及关中地区陇县的龙门洞庙会等。

随着汉代以来佛教信仰进入中土，信仰内涵由外来宗教逐渐本土化，各类佛教寺院、石窟在陕西地方社会中创设，佛教神祇如释迦牟尼、观世音菩萨（观音大士）、阿弥陀佛、药师佛等也是不少庙会活动供奉的主神，如彬州大佛寺庙会、铜川香山庙会等。与此同时，因为民间信仰的杂糅性，佛教神祇与其他民间神祇混同在一起，成为一些庙会共同供奉的主神，如黄龙无量山莲云寺庙会、清涧白草寺庙会、彬州灯山会，等等。

无量山莲云寺庙会位于延安市东南黄龙县城西2.5公里。历史上属洛川县辖区，据《洛川县志》载："仙鹤山，东有五台山，西有麦积山，南有华山，北有清凉山，无量山居中；实为圣地。"庙院碑文记载："始建于明朝嘉靖三年（1524），当时建庙堂两座，前殿供奉释迦牟尼石雕塑像；后殿祖师爷塑像，仙鹤山改为无量山，意释迦牟尼和祖师爷功德无量。乾隆二年重修，此后于嘉庆、咸丰两次重修，增建了三圣洞，于每年农历七月初三兴办庙会，四面八方的善男信女，各路香客云集，上山朝拜，焚香诵经，香火极为旺盛。"

1939年5月，辛亥革命爱国将领朱庆澜先生出资2000大洋，第四次重修，翻修了殿堂，重塑了佛像金身。[①]每次翻修后，无量山庙会都香火俱增。2000年后，庙会多以农历正月初一、十五及六月十九为主期。庙会期间，来自周边县市及邻省的民众数以万计，络绎不绝。庙会活动中，供神、唱戏三天，还有社火、杂耍等，另有不少山货、编织品、药材、农产品交易。

蒲城尧山庙会供奉的尧山圣母，古来有之，尧山圣母庙的历史源远流长，初建无考，尧山圣母唐时被封为灵应夫人。"（尧山圣母）世传曾有女

---

① 《珍闻：朱庆澜氏修复名刹》，参见《佛教评论》，1931年，第1卷第2期。

华州区道教祈福法会　马国强/摄

华州区庙会中准备佛教仪式的女众　马国强/摄

仙，衣朱翠，乘白马，时或隐显于斯。土民祷雨祈嗣，每有感应。唐宋间封灵应夫人。"①现祠庙东北石壁上存有唐代一批摩崖石刻，最早为唐贞元十五年（799）。唐长庆二年（822），在山腰为诰封灵应夫人重修了颇具规模的祠庙。宋崇宁二年（1103），再次由皇家封号为"灵应夫人"，并正式规范了十一神社接神送神的活动仪式。金大定四年（1164），敕赐祠庙为灵虚观。如今最早的庙会记录为元代《重修尧山灵虚观碑记》中记载："岁时之祀，继继相承，远迩之人，驾肩接武，鼓跃欢呼，大会于庭。朋酒来飨，曰杀羔羊，争其先者，恨不得其门而入矣。山径之蹊间，介然用之，而商旅成市，凡百所需之物，□之二无不有也。"②

明天启三年（1623），县令王佐申请将尧山庙载入祀典，"尧山灵应天人祠，在尧山。唐咸通中，有碑云：自古灵应一方，不知肇兴何代，行祠在东门内。宋崇宁二年封敕，曰雨旸之祈，应答如响，有司以闻，在所旌异，旧有石刻……明天启，尹王佐因祷雨申请入祀典清明日祀"③。清代，尧山圣母庙会活动甚为兴盛，"各乡二三月间，多敛钱祀社。或一村或数村，旗帜飞扬，金鼓喧腾，殆如狂然，其最属淫祀莫如南北二赛，南赛在五更村，祀东岳；北赛在延兴，祀尧山圣母，届时梨园纷集，车马填塞，一切浮靡，足抵中人数十家之产，盖其风尚然也"④。民国期间，更因井勿幕、杨虎城等英杰在全国闻名遐迩，庙会祭祀活动规模及盛况与日俱增，影响甚远。"文革"期间，庙宇遭受毁灭性的摧残，庙会活动停止。1992年庙祠重建，庙会活动恢复至今。

---

① 《创修三圣母祠记碑》，清康熙四十四年（1705）。
② 秦建明、[法] 吕敏编著：《尧山圣母庙与神社》，中华书局，2005年版，第213页。
③ 〔清〕《蒲城志》，卷一，清钞本。
④ 〔清〕《蒲城县新志》，卷一，清光绪三十一年印本。

蒲城县尧山圣母像，尧山庙大殿①

宋崇宁二年（1103）《尚书省牒》②

---

①② 秦建明、［法］吕敏编著：《尧山圣母庙与神社》，中华书局，2005年版，第83、384页。

另外，还有来自地方社会民间传说中的神祇，被民众供奉为庙会活动中的主神，如西安市长安区斗门的石婆庙会。唐德宗贞元十四年（798），长安斗门镇民众将汉代昆明池畔的牛郎织女石像视作"石爷""石婆"，修庙供奉。牛郎织女鹊桥相会的日子是七月初七，结婚纪念日则是正月十七，石婆庙会一年两次，即为正月十七与七月初七。

《长安志》载："昆明池牵牛织女，后人称石父石婆，长安有石婆神庙。"宋神宗熙宁（1068—1077）间，"石父、石婆神庙，并在县西南三十五里，昆明池右，张衡西京赋曰：昆明灵池，黑水元沚，牵牛立其左，织女处其右，注云：立牵牛织女于池之东西，以象天河，今石人宛在。后人史石父石婆云"①。程大昌《雍录》："昆明池旁有石婆庙，盖牵牛讹为石翁，织女讹为石婆也，古事如此极多，初时大似可笑，然而灵场宜夜，人以其神，而遂信之也。"②"唐术士李国桢请昭应南山作大地婆父等祠"③。

石婆庙会活动内容繁复，"正月十六庙会开始，白天演唱秦腔曲目《天河配》《长生殿》等，晚上举行祭祀典礼。典礼内容为给织女献饭、献灯、念经、守夜，直到第二天。……献灯的时候有献灯曲，如《十挂灯》：'一挂的灯挂红的灯，红灯挂得一层层。一个仙女来玩灯，先添的油，后拨的灯，灯火拨的亮晶晶。'"④

4. 历史人物、地方圣贤（周公、老子、武侯、太史公、药王、雷公）

除了原始自然神祇、始祖神祇和神话传说、宗教神祇，在地方社会中还有许多历史圣贤人物，因其有卓尔不凡的传世经历、人生故事，抑或是

---

① 〔宋〕宋敏求：《长安志》，卷十二，民国二十年铅印本。
② 〔宋〕程大昌：《雍录》，卷九，《钦定四库全书》本。
③ 〔清〕《临潼县志》，卷九，清乾隆四十一年刊本。
④ 陕西省文明办编：《过好我们的节日——陕西传统节日习俗》，三秦出版社，2016年版，第153页。

石爷像,长安区斗门　陈团结/摄

石婆像,长安区斗门石婆庙　张影舒/摄

庙会

〔清〕佚名，周公像，《历代帝王圣贤名臣大儒遗像》
(*Portraits de Chinois celebres*)，
法国国家图书馆藏

对民众群体、制度文明产生过深远的社会文化影响，从而逐渐被民众视作神灵人物开始敬拜，并建立相应的敬拜场所，如寺庙、神祠等。与此同时，伴随着这些寺庙、神祠的创设，在一定的社会文化空间里，祭祀仪式活动也应运而生，相关主题的庙会活动也就逐渐形成，并成为地方当中重要的社会文化活动，并产生重要的历史影响与现实意义。如岐山周公庙会、韩城太史公庙会、铜川药王庙会、铜川医陶始祖与雷公庙会、华州区蕴空山庙会、勉县武侯祠庙会等。

周公，姓姬名旦，是周文王之子，周武王之弟，周成王的叔父，其采邑在周地，故称周公，他制礼作乐，为西周典章制度的主要创制者，主张"明德慎罚"，以"礼"治国，奠定了"成康之治"的基础，其言论见于《尚书》之《大诰》《康诰》《多士》《无逸》《立政》诸篇。他是中国社会以及儒家思想中一位重要的历史人物，夏曾佑先生有言："孔子之前，黄帝之后，于中国大有关系者，周公一人而已。"①自周公以来，无数前哲时贤都对周公寄予深情厚意，所谓"言必称周公"。明洪武辛亥（1371）王祎《谒周公庙记》②碑文载，周公庙创建于唐代之前，唐大中二年（848），"凤翔府岐山县凤栖乡周公庙出灵泉"，宋元佑元年（1086）、金兴定五年（1221），又均有重修。碑文云："正殿前有戏台为巫觋优伶之所集。"证明今之戏台，为至元十七年所重建。明以来历有重修，建筑规制亦有变更。③宋代大诗人苏轼曾在拜谒周公庙时作诗道："吾今那复梦周公，尚喜秋来过故宫。翠凤旧依山硊兀，清泉长与世穷通。"④而周公庙会的场景，民国有学者描述道：

"尧舜禹汤文武之道孰承之，周公承之也。孔子之道孰传之，周公传之也。往古来今，人人心中有周公，故人人皆知敬周公。邑卷阿有周公庙盖因之采邑在此，故庙亦在此，祀周公旦。追祀周公之先，故姜嫄后稷之庙亦在此。前代每岁春秋，地方官以三猪三羊致祀，国之公祭也。每岁三月十五日为会期，演戏致祭，民之祭也。庙中朔望香火及修葺庙宇，皆仁圣里八村经理，历有年所。"⑤

老子，作为中国古代思想家、哲学家，是道家学派创始人和主要代表人物，与庄子并称"老庄"，后被道教尊为始祖，称"太上老君"。在唐朝，被追认为李姓始祖。老子曾担任周朝守藏室之史，以博学而闻名，孔子曾入周向他问礼。春秋末年，天下大乱，老子欲弃官归隐，遂骑青牛西行。据《盩厔县志》记载，春秋时天文学家尹喜，涉览山水，于雍州终南山周至县

---

① 夏曾佑：《中国古代史》，河北教育出版社，2000 年版，第 37 页。
② 〔明〕王祎：《谒周公庙记》，参见〔民国〕《岐山县志》，卷九，民国二十四年铅印本。
③ 《中国戏剧志·陕西卷》编辑委员会编：《中国戏剧志·陕西卷》，中国 ISBN 中心，1995 年版，第 587 页。
④ 〔宋〕苏轼著，傅成、穆俦标点：《苏轼全集》，卷三，上海古籍出版社，2000 年版，第 47 页。
⑤ 〔民国〕薛成兑：《重修卷阿碑记》，民国二十五年（1936）。

神就乡闻仙里中，结草为楼，观星望气，以观天象。其精思至道，不求闻达，周康王闻之，拜为大夫，尹喜调任函谷关令后，见有紫气从东而来，果然老子退隐入秦，驾青牛薄板车到关，尹喜迎入官舍，北面而师事之。遂请老子入故居楼观，于终南高岗筑台授经，著《道德经》五千言，传于尹喜，且传道授法，尹喜行其旨。楼观台庙会每年农历二月初十举办，是老子的后世弟子为纪念老子诞辰而设立的。庙会始于汉代，唐代和明代最为兴盛。每临神诞之日，道观便设祭坛，雇戏班，举行隆重的纪念庙会。各地的云游道人和善男信女，纷纷前来朝拜，求经祈福。①

《三国志》记载，诸葛亮死后，各地纷纷要求为其立庙，朝廷以"礼秩"而不许，百姓只好因时节私祭于道陌、市井。公元263年春，刘禅顺从民意，"诏为亮立庙于沔阳"，下诏在陕西汉中勉县为诸葛亮修建了第一座祠

诸葛墓乐楼，勉县

---

① 屈高澎：《楼观台古庙会》，参见张双林编著：《中国庙会大观》，工商出版社，1995年版，第319页。

庙（今武侯墓庙宇），并在墓前植柏树54株，以喻诸葛亮54年的生命历程。同时规定修祠之后，凡亲属、臣吏、百姓祭武侯者"皆限至庙，断其私祭，以崇正礼"，于是扫墓、祭庙凭吊武侯的礼节"始从之"，武侯墓就成了唯一祭祀诸葛亮的场所而世代延续近两千年。随着汉中勉县武侯墓及庙的创设，每年清明时节成为武侯墓的祀典盛会，"凡绅士及读书之人，均要衣冠整齐，早临拈香，即日饮福，违者有罚"，"沔民之于武侯也，饮食必祭，水旱、灾疫必祷"，每年清明庙会祭期，乡民"有献全猪者，有献三牲者，又有献灯油与白盘者"。南宋诗人陆游在公元1172年途经勉县，见此盛况，写下"定军山前寒食路，至今人祀丞相墓"的诗句。

自盛会的兴起，至今已1700多年，会期一般5天，四方民众，呼朋唤友，扶老携幼，云集武侯墓，有的信男信女许愿还愿。各种营生、小吃、杂货、艺耍，应有尽有；戏班通宵演出，多以三国剧目，连续演出数天。① 武侯墓清明庙会是以祭祀诸葛亮而渐渐兴起的民间自发性群体聚会，每年从清明节将至到节后，持续五六天时间，有祭祀、扫墓、文艺演出、民间广场艺术表演、秦腔，各类工艺品、纪念品、服装、风味小吃、茶馆、农资器具售卖，各类杂耍、娱乐等，形成了如今每逢清明时节武侯墓数十万人祭祀、凭吊诸葛亮的传统文化活动，成为陕南最大的古文化庙会活动。

司马迁，字子长，生于龙门（西汉夏阳，即今陕西省韩城市），西汉史学家、文学家、思想家。司马谈之子，任太史令，被后世尊称为史迁、太史公。早年受学于孔安国、董仲舒，漫游各地，了解风俗，采集传闻。28岁任太史令，继承父业，著述史书。后因替李陵败降之事辩解而受宫刑，调任中书令，发奋继续完成所著史籍。他以"究天人之际，通古今之变，成一家之言"的史识创作的中国第一部纪传体通史《史记》，列为二

---

① 王天裕：《武侯墓庙会》，参见张双林编著：《中国庙会大观》，工商出版社，1995年版，第315页。

十四史之首，被鲁迅先生誉为"史家之绝唱，无韵之离骚"。据《奠汉太史司马公祭文碑》载，明隆庆五年（1571）三月，时任河南道监察御史的芝川人张士佩与举人马永亨、张邦敬等29人祭扫司马迁祠墓，并宣读了由张士佩撰写的祭文："惟公学贯天人，道穷古今，百世文宗，万代良史。士佩等幸生太史之乡，默承斯文之佑。届兹清明，用伸祭扫。尚飨。"①可见当时司马迁祠墓的祭祀活动最早为地方士绅倡导的社祀，即芝川古镇地区的祭祀活动。

到了明万历六年（1578），韩城知县刘从古向上级申报："史臣烈士，万世之风教攸关，享祀以酬公德，礼制所不废也。汉太史司马迁、中郎将苏武二冢，俱在本县境内，相应申举，将各祠应祀牲仪品物支公费官银，载入祭祀项下，每春秋祭扫时，令本县掌印官主祭，永为定例。获准依拟动支备用丁银，春秋每祀具帛一、豕一、羊一、烛二，用银一两五钱六分，永为令典。"②虽然县府支付了祭品银两，又由掌印官主祭，司马迁祠墓的祭祀规格高，但仍为里祀，由当地士民祭祀。《续志》载："每岁寒餐具品物，合（芝川）镇绅士拜扫……"，这时的祭祀仪式，已略见端倪："其里人之修祠者，春则清明日，绅士以牲醴香诸鼓乐上庙，人各具纸钱一函，上书年月姓名，焚化，一如世俗上冢仪；升降跪拜，荐献读祝，一如丁祀仪。祝用张司徒士佩文。秋则增戏剧侑飨，他仪如之，祝用左令懋第文。"③当时，出资修祠的人才有资格去祭祀。清明节春祭时，地方绅士抬祭品，携鼓乐，每人手执纸钱，写上年月和自己姓名，到祠中焚化，其仪式如同民间上坟。但又按规定行跪拜礼，上祭品，读祭文，如祭孔仪式。当时春祭时祭文仍用

①② 李国维、张胜发注释：《司马迁祠碑石录》，陕西师范大学出版社，1993年版，第32、43页。
③〔清〕《韩城县志》，卷十二，清乾隆四十九年刻本。

韩城市撞神楼祈雨活动　马国强/摄

韩城市太史公祭祀庙会　高岸/摄

明代祭文，秋祭仪式与春祭一样，只是增加了戏剧演出，祭文使用明崇祯韩城县令左懋第撰写的《祭司马子长文》。

就是说，一方面司马迁祭祀活动的范围逐渐扩大，由村社祭祀升至地区性祭祀，另一方面又增加了戏剧演出，其活动形式也更加世俗化，随着这两重特征逐渐聚合，以供奉司马迁为主神的太史公庙会活动内涵逐渐形成。清康熙年间，韩城知县翟世琪撰《重修太史庙记》，其中记载着太史公庙会的情况："韩城县之南，滨河为芝川镇。镇城之南为司马坡。东临黄河，西枕高岗，为有汉太史公司马迁墓，墓前有庙，庙极灵，福善祸淫，一一如春秋之笔。民间祷祀，今已千七百余年。……余亦以太史公庙，与渎祀不同……又自康熙八年，众为太史公庙会……会期暂用二月初九日。"①

雷祥，白水县大雷公村人，"雷公，祥，黄帝时人，黄帝命岐伯雷公察明堂，究息脉，作内外劲"②，黄帝时任处方（医药官名，今"处方"一词亦由此名演变而来），能医善陶，既是中国医药学的创始人之一，又是陶瓷业的先祖，各地窑神庙均供奉之，尊称亚父雷公。雷祥殁后，葬于大雷公村东北的凤凰沟畔，墓冢圆锥形，高2.5米，周长24米，墓前建有雷公亭。先民为了缅怀这位创造者，在其墓前建起雷公庙，元朝至正十二年（1352）贡生潘垦重修雷公祠，树有石碑。清代纪昀《阅微草堂笔记》载："百工技艺，各祠一神为祖"，《白水县志·方技》中均记载着雷祥的生葬地及功绩。现雷公庙已重修，墓冢仍在，清道光年间建树的一通碑石，今在杜康庙内陈列。《陕西通志》中有言："雷祥，白水人，能医善陶，所造磁（瓷）器，精工绝人，世所谓雷公器是也。"③白水是雷祥的"府地"，医陶始祖雷公庙位于白水冯雷镇大雷公村东侧雷祥墓前，村中建有雷祥行宫、戏楼等。雷

---

① 〔清〕《韩城县志》，卷十一，《艺文》，清乾隆四十九年刻本。
② 《重修雷公庙宇创建行宫戏楼碑记》，清道光二十一年（1841）。
③ 〔清〕《陕西通志》，卷六十四，《人物》，清文渊阁《四库全书》本。

西安市祭祀陶神雷祥仪式　高岸/摄

公庙会兴盛于元,延续至今,每年农历四月二十二日及十月二十二日,香客、乡民、郎中及陶瓷艺人、窑主皆云集于此,先于雷公庙宇墓地烧香吊表,再到"亚父行宫"祭拜,求医祈福,后是陶瓷成品交易,晚上于戏楼前观戏,一连数日。①

药王山五峰分布形如手指,古称"五台山",因被尊为"药王"的隋唐

---

① 《医陶始祖与雷公庙会》,参见黄伟主编:《民间文化》,陕西人民出版社,2012年版,第72页。

时代伟大医药学家孙思邈曾归隐于此,故改称"药王山"。它位于陕西省铜川市耀州区城东 1.5 公里处,地处关中平原与渭北高原接壤地带,具有典型的北方丘陵峡谷地貌特征,古柏参天,殿宇宏伟,碑石林立,风景秀丽,被列为第一批全国重点文物保护单位。药王山庙会是因纪念孙思邈而产生的,"真人生于华原,以硕德隐操,显于隋唐间,其丰功厚利,拯济群生者,于今六百年矣。虽飞升之久,而一方有雨旸之求,则照应也如响;病者有药饵之请,则对证而受赐。其异迹显状,焜耀后世若此。故崇宁间,赐庙额曰静应,封为妙应真人,其后改为静明观。而普天之下,莫不景仰其高风焉"①,"仁宗嘉祐四年(1059),邑人万俟景每游真人故宅,观其遗迹旧基,

铜川市药王山庙会　赵利军/摄

---

① 《耀州华原妙应真人祠记》,参见北宋元丰四年,金大定九年重刻,曹永斌编:《药王山碑刻》,三秦出版社,2013 年版,第 292 页。

慨然有感。乃备私钱,基构堂宇,于南庵创建孙真人祠,名曰新堂。"[1]北宋时纪念活动在南庵静明宫举行,"(公元 1558 年,药王山庙会)于是四方辐辏,不远千里,每岁二月二悉集焉"[2],明代嘉靖年间祭祀的中心道场开始移向北洞。

据清代顺治十一年(1654)《施饭碑记》载,药王山举办庙会时,"秦人男女无远近少长,人马丁攘之声尽夜,经月余不绝。即秦晋藩王、士大夫,糜不登临而拜"。清末至民国时期,药王山庙会的会期改为 10 天,即由农历二月初二起会,初六开始演戏,至十一日结束。庙会期间,钟磬齐鸣,鼓乐喧天,有"路畔灯"、狮子、龙灯、花火、"天明戏"等表演活动,数以万计的群众从四方云集,现场气氛热闹异常,"元宵各坊巷,设蜡堂灯山,以祈年顺",庙会高潮时更是万人空巷。药王山庙会弘扬了药王孙思邈的医德医风,促进了祖国传统中医药文化的继承和发扬,具有民俗学、人类学及陕西地方文化等方面的研究价值。

5. 重要事件、地点

另外,还有一些庙会活动是为纪念地方社会历史上中发生过的重要事件,或者某一特定地点而举行。如渭南市华州区的蕴空山庙会,因蕴空禅院而得名,虽相传起源于东汉年间,但更重要的是明末普干禅师反清复明的诸种事迹,使得蕴空禅院的相关祭祀活动影响力扩大。即"蕴空禅院,位于华州大明镇西南 3 公里的蕴空山北麓。旧名云寂寺。……明崇祯帝四皇

---

[1] 《耀州华原妙应真人祠记》,参见北宋元丰四年,金大定九年重刻,曹永斌编:《药王山碑刻》,三秦出版社,2013 年版,第 179 页。
[2] 《孙真人祀殿记》,参见曹永斌编:《药王山碑刻》,三秦出版社,2013 年版。

子,在华州举兵抗清。后因复国无望,于公元 1674 年农历三月十七在云寂寺出家,法号普干。后人为了纪念普干禅师,每年农历三月十七集聚蕴空禅院上香还愿。久之,形成了今日的蕴空山庙会。"①

又如杨凌区恩义寺庙会,恩义寺为唐庆善宫遗址,"唐王洞"就在寺内,为唐太宗李世民诞生地。地方史志记载了恩义寺为庆善宫遗址的相关情况,明康海《武功县志》(1519):"建子沟,在县南十七里,近庆善宫……庆善宫,唐高祖故宅……太宗所生宅也。贞观六年,幸之,宴从臣,赏赐闾里,同汉沛宛,帝欢甚,赋诗曰:寿丘唯旧迹,丰邑乃前基,粤予承累圣,悬弧亦在兹。……因再幸庆善宫,上更赋诗曰:……丹陵幸旧宫,列筵欢故老,高宴聚新丰。"②即唐贞观十六年(642)十一月,太宗幸庆善宫,欢宴武功故老,为 60 岁以上的老人和孤寡残疾等人赐毡、裘、粟、帛,并免当地百姓三年赋税。故老与太宗叙旧事,论社稷,并喜极纷起为舞,庆贺大唐太平盛世。自清代康熙以来则改名恩义寺,"恩义寺,在建子沟,即唐高祖故宅改建,康熙四十年修"③。嘉庆《续武功县志·建置志第二》:"永安镇……,东北建子沟有恩义寺,(寺)有康熙六十一年(1722)钟,载:'古名庆善宫,后改恩义寺'"。每年正月二十三日,周围的百姓相聚庆善宫,感谢李世民为父老赐物,免除赋税,后逐步扩大为庙会,每年农历正月二十三、十月十三庙会,四乡民众云集,热闹异常。自公元 642 年唐太宗回出生地宴群臣和周边父老起,形成庙会延续至今,其内涵丰富,千古流传,是为风俗。

---

① 黄玮主编:《民间文化》,陕西人民出版社,2012 年版,第 71 页。
② 〔明〕《武功县志》,卷一,清文渊阁《四库全书》本。
③ 〔清〕《陕西通志》,卷二十九,清文渊阁《四库全书》本。

二、迎神送神：仪式活动

1. 仪式过程

在众多庙会的敬神活动中，其仪式过程是十分值得探讨的话题。有关社会宗教信仰活动中的仪式行为，不少社会人类学家对此有各种理论阐释与实践解读，他们或强调仪式行为的社会属性和功能性，探讨它怎样推动社会组织与社会生活，并非仅仅关注神秘力量的存在及其对个体心理认知的整合，或将文化或仪式作为一种独立的系统进行研究，通过系列术语或词汇，按照相应的语法结构进行组合连接来表述或象征。

泰勒（Edward Tylor）和弗雷泽（Frazer）认为，仪式是宗教和文化的源头，他们通过对比世界不同地区的宗教仪式现象，来探讨宗教的起源问题。①

涂尔干（Emile Durkheim）将宗教现象划分为信仰和仪式两个基本范畴，信仰通过舆论形式得以表现，仪式则是人类生活中某些具体的行为方式。他把仪式看做"集体性的、规范化的社会整合现象或集体意识，是连接神圣世界和世俗世界的纽带，是以礼仪的方式赋予并反映、支持并强化根深蒂固，被大众广泛认可的一种价值观念。"②

拉德克利夫-布朗（Radcliffe-Brown）把社会生活的延续看成是社会结构的运转，仪式的功能就是将人类情感、情绪、行为等规范地表达出来，从而维持人与人之间情感的活力。③

---

① 彭文斌、郭建勋：《人类学仪式研究的理论学派述论》，参见《民族学刊》，2010年第2期。
② [法] 爱弥尔·涂尔干著，渠东、汲喆译：《宗教生活的基本形式》，上海人民出版社，1999年版，第42页。
③ [英] 拉德克利夫·布朗著，潘蛟等译：《原始社会的结构和功能》，中央民族大学出版社，1999年版。

马林诺夫斯基将宗教、巫术、神话、仪式等文化现象与功能联系起来，他指出，一切巫术和仪式，都是为了满足人们的需求，它们遵循的原则"帮助那些需要帮助的人们"[1]。

范根内普（Arnold van Gennep）着重对仪式内部结构进行分析，强调过渡仪式在克服危机和巩固社会秩序方面发挥了积极的作用。他将"仪式过程分为三个阶段，即分隔（分离）仪式、边缘（过渡）仪式、聚合仪式，能够使人实现从一种状态过渡到另一种状态"，[2]他的理论对仪式过程研究产生了重要影响。

维克多·特纳（Victor Turner）认为，仪式表演是"社会戏剧"，能够消除人们生活中的紧张感，改善群体内部冲突，修正和塑造社会原有秩序，对社会结构具有良好的调整作用。[3]

格尔茨（Clifford Geertz）将仪式看作宗教符号、意义和价值观体系，认为"仪式形成了一个民族的精神意识，他称仪式为'文化表演'，显示了宗教生活的气质，使宗教观点具体化和现实化"[4]。

上述种种理论阐释与实践解读，不仅突显出仪式活动在宗教信仰实践中的重要性，更从发展过程、外部特征、内部结构、社会功能等方面对宗教信仰活动中的仪式过程加以展开式的分析。对于陕西地方社会中各类庙会活动中不同的敬神仪式，也可就以上几个层面加以分析和总结，并根据不同的社会实践与行为特征，与上述各种理论和观点进一步对话。

---

[1] ［英］马林诺夫斯基著，金泽、宋立道、徐大建译：《巫术与宗教的作用》，参见史宗主编：《二十世纪西方宗教人类学文选》，上海三联书店，1995年版，第91页。
[2] ［法］阿诺尔德·范热内普著，张举文译：《过渡礼仪》，商务印书馆，2010年版，第63页。
[3] ［英］维克多·特纳著，赵玉燕等译：《象征之林——恩登布人仪式散论》，商务印书馆，2006年版，第57页。
[4] ［美］克利福德·格尔茨著，韩莉译：《文化的解释》，译林出版社，1999年版，第138-139页。

大荔县手捧花馍献祭的民众　石宝琇/摄

大荔县阿寿村二月二庙会上的花馍　陈团结/摄

以陕北地区清涧县白草寺的娘娘庙会为例，整个仪式共分为六个步骤进行：

第一个步骤是接神事：接神事指的是当年承办神事的村庄将娘娘的神位和敬献的花束送到娘娘庙后，和下一年办神事的村庄进行交接的仪式。

第二个步骤是领牲：领牲仪式在三月三进行，领牲用的是一对白山羊，称为神羊。当神羊养到第二年时，梳洗打扮一番，并用红漆把羊角染成红色。经洒水清道之后，神羊由炮手、吹鼓手、仪仗队、秧歌队鸣锣开道，牵到娘娘庙前等所有村民和香客点香跪拜后，给山羊身上浇水，等到山羊浑身一撒，就是领了牲，意思是向神奉献的供品，神已经领取了。

第三个步骤是迎娘娘进村：领牲仪式结束后，要把娘娘的神位往村里迎接。庙中备有楼轿，是专门抬娘娘神位的轿子，还有一副执事，即仪仗队器材，木制的十八般兵器。当抬娘娘神位起轿时鸣炮奏乐，秧歌队、旗帜队、鼓号队、执事队一路鼓乐迎接到村里，娘娘进村时同样要洒水清道，并由全村男女老少跪在村口迎接，护送娘娘楼轿进入彩棚，奉上供品。然后，村民轮流在彩棚外上香、烧表、叩头、参拜。

第四个步骤是献花：花用彩纸制作，每朵二三十公分大，整整300朵儿女花分开插在9根木杆上，形成9束花。另做一对纸鹤，一个纸塔，纸塔事先扎在寺院的树上，献花时，要选十来个青壮年，每人负责举一束花，花从窑里拿出后，放院子里停一会儿，叫做晒花。然后由秧歌队迎接，送到彩棚内放好。

第五个步骤是祈神宴席：当天下午，全村男女老少聚在一起，举行祈神宴席，开宴之前，会长或领神事者代表所有村民向娘娘神位供献食、上香、烧表、叩拜。宴席期间，村民们可以边吃边唱或做其他表演助兴。

　　最后一个步骤是送娘娘回山：三月初四上午，娘娘神位在村里的各种祭祀活动结束后，由全村人举着花束，会同仪仗队、秧歌队护送娘娘神位回白草寺。经过再次晒花，由旧神主接进，交予新神主，把花送进摆放到庙内，接下来举行两个仪式，一是由一人扮成厉鬼，戴青面獠牙面具，穿黄袍，手拿圪节鞭，做一些张牙舞爪的动作。二是要恭醮，恭醮由主办神事的村子派人，穿长袍，用祭祀的碗盛肉、糕点、水果之类的东西向娘娘庙诸神位轮流上供。仪式结束后，香客开始动手抢花，花代表了儿女。能抢到男孩花的代表生育男孩，抢到女儿花的代表生育女孩。为了安全，主办神事的村庄挑选二三十个年轻人，手里拿着棍子，保护花束，直至儿女花被抢完，全部仪式结束。[①]

可以看到，在这一祭祀仪式过程中，"娘娘"作为庙会供奉的主神，由"旧"而"新"的过渡仪式（rites of passage）特征十分明显，接神、迎神、供神、献祭、祈神、送神这六个步骤是这一年度性庙会仪式必不可少的重要步骤，应该说，对"娘娘"这一神祇敬拜的观念与心态是贯穿在整个庙会仪式过程中的，构成其内在核心的精神线索与理性逻辑，并调动着全体参与者的情绪表现与实践节奏。

与此同时，这一仪式过程中所蕴含的内涵又并非仅仅在于这种"旧/新"二元的历时性更替，更在于呈现出一定的地域文化空间内对共时性社会规范的重新强调与规训整合，如在神祇的敬拜仪式中，周而复始的年度性时间表达，对参与者群体范围、个体行为的具体要求，参与仪式社会共同体特征的凸显等。

但这种仪式过程中呈现出地方社会并不是止步于一种理念性的制度性特

---

① 刘予涵：《白草寺庙会：更喜老树着新花》，参见《榆林日报》，2018年5月21日，第6版。

准备庙会敬神仪式，西安市长安区　李文泽/摄

佳县庙会中的献饭仪式　陈团结/摄

征,而是通过敬拜神祇,在敬神与娱人的互动行为中,也同时突出了参与群体的主体性情感诉求与日常社会生活实践,并构成超越又依附于地方社会与日常生活的神圣文化空间。这种神人交互的仪式结构与社会实践,是地方庙会活动中不可或缺又值得思考的重要群体性行为与象征性过程,同时也是其与现实对话并得以解读的社会功能与文化意义重要的实践外化过程。

也正是因为如此,有学者对于蒲城尧山圣母庙会的历史发展,以及其中最为核心的"接神楼"仪式有类似的分析与解读:"尧山庙的历次衰落可以归结为战乱与人为两大因素,其中人为因素更为重要。祠庙的真正需求者是像十一社这样的百姓,他们要祈雨、求子、耍社火、过庙会,要通过神权来维系社区的平衡。而官吏对此则存在两种态度,或支持,自己亦参与祭祀;或反对,并禁止民间祭祀。官吏对神的兴趣主要是顺应民心,代民请命,同时还要调整矛盾,协调人神,历史上在尧山神区,对神的态度关系到与十一社万民的关系。……神楼本是尧山诸村社和其他群体间的象征性沟通媒介,交换神楼与神楼巡游村庄,展现神灵每年要重新申明和巩固神社百姓的团结和谐,演示人和神之间的敬佑合约。通过这种交换与巡游活动,建立一种有力量的人文空间"[①]。"若认为祖先崇拜、灶神崇拜、门神崇拜、圣贤祠庙等,都是杂乱无章的'弥散性宗教',则根本没有理解中国民间宗教的实质,和它们在中国文化体系中的位置,而只是根据一些表面的现象做出的理论归纳。"[②]可以说,地方社会庙会活动中的敬神仪式过程,是集中且突出体现中国民间宗教信仰的重要外化形式,可以此来进一步分析其特征与内涵的核心实践行为,并与其他制度性宗教实践产生更广阔的对话空间。

---

① 秦建明、[法]吕敏编著:《尧山圣母庙与神社》,中华书局,2005年版,第61页。
② 吴飞:《从祀典到弥散性宗教》,参见李四龙编:《人文宗教研究》,第三辑,宗教文化出版社,2013年版,第106页。

蒲城县尧山圣母庙会中的接神楼仪式　陈团结/摄

蒲城县尧山圣母庙会　陈团结/摄

扶风县"抬老爷撞喜"神楼仪式 石宝琇/摄

如果说清涧白草寺庙会的仪式过程是主要围绕主神"娘娘"本土神祇展开的民间信仰活动,那么横山牛王会的仪式过程则带有本土神祇崇拜与佛教水陆法会杂糅的综合性信仰特征。牛王会是陕西横山县的汉族民俗及民间宗教信仰活动,采用佛教的水陆法会形式,供奉的是"牛王菩萨"和"西天古佛",经长期发展,综合汉族传统农耕文化与北方游牧文化,形成了一种地方社会中富有特色的庙会活动。这一活动以无定河为轴线在两岸举行。牛王会建会历史长,形式结构固定完整,影响较大,涵盖地域广。年年打醮牛王会,既有追悼往昔年馑、瘟疫中死难人员亡灵、安抚人心之意,又有祈求牲口平安健壮、生产繁衍的禳灾目的。

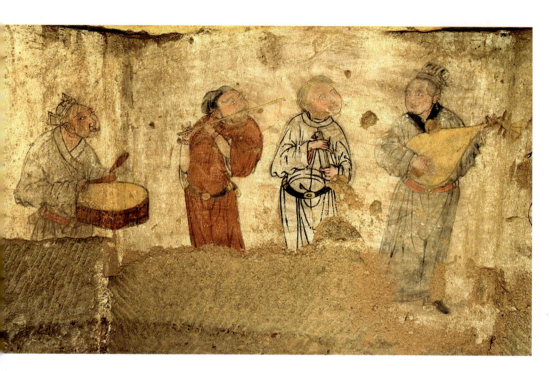

乐队图,横山区高镇罗圪台村元代墓壁画(局部)

横山区牛王会（一） 陈团结/摄

横山区牛王会（二） 陈团结/摄

有记者就横山牛王会做过田野调查,并记录以下仪式活动的整个过程:

按照轮流举办的惯例,今年的横山马坊牛王会举办权轮到了南塔乡大李家洼村手中。据大李家洼村会长谢文山介绍,为迎接老佛爷和牛王菩萨的到来,自正月初八开始,本村信众便全部开始斋戒,搭建佛堂、幡场,采办一应器物……而事实上,大李家洼牛王大会的准备工作从去年的正月十六便开始了。

一、预备仪式:接神坛迎三官、搭佛堂立幡场

由于牛王菩萨的影响越来越大,横山东部地区信奉牛王的会众也越来越多。据刘丙成介绍,这些会众分布在党岔、王有地(今属党岔镇)、响水、南塔、白界等5个乡镇的41个自然村,各村还按地缘关系成立了牛王会的八个分会(后白界、席家湾、后沟组成的第八会分出独立办会),每年轮流举办牛王会。

拿今年举办牛王会的大李家洼村来说,其所属的第四会有胡沟岔、大李家洼、陈庄、高林庄、问有中5个村庄,七个分会每七年轮流办会一次,分会内的五个村子也要轮流办会,故大李家洼每隔35年才能举办一次牛王大会。此外再加上"文革"时期的影响,本次牛王会是该村50余年来举办的第一次牛王会。

去年的正月十六,大李家洼会众要在第三会会村将老佛爷、牛王菩萨送回华严寺后,到村中请回三官爷和办会所用的即佛堂、水陆画、供桌、幡场、九曲等一应器物,并将三官爷的神像供奉在"舍家"家中。舍家是办会村庄事先选好的人家,因为家中供奉三官爷,其家人必须早烧香、晚磕头,悉心侍奉神灵。此外,舍家还要终年斋戒,直到次年正月十六会务转接之后方得开荤。

待到来年正月初八,举办牛王会的大李家洼信众才真正开始忙碌。从这天起,工作人员各司其职,有的制作平安吊、纸扎幡

塔、有的制作贡品、有的布置九曲灯场、幡场，有的用铜管、帆布搭建韦陀神棚、面燃启醮大士神棚，有的则在会窑的大灶忙碌（值得注意的是，牛王会的所有准备工作、贡品制作以及敬神仪式女性均不参与，女性不得进入佛堂）……其中，搭建佛堂是最重要的一项工作。

牛王会佛堂形制较大，一般10米见方，高约5米，面朝南。正月十二这天，佛堂内要挂起全套的水陆画。其中北面正中挂着三世佛的坐画像，两侧则有东岳大帝、阎罗大王、小罗刹众、地府六朝判官、七星真君、南海龙王、四大天王和关公等天地众神画像，是为"水陆"。而即将举行的牛王大会，全称也为"法界圣凡水陆普度大斋胜会"。……

三世佛画像正前面摆放着一张用大木板拼接起的大案台，用以安放老佛爷、牛王菩萨、三官爷的神像。佛堂水陆画下面沿墙摆放着一排桌子，每个桌子上都放有一个红色的木斗，内插三个或五个用黄纸秸秆制作的牌位，上面用毛笔书写着各路神灵的称号。佛堂正中则为供桌，为办会时放置供品之用。

与此同时，办会村庄还会在村口路边搭建彩门，贴出告示告知周边民众：本村今年举办牛王会，从今日起，任何牲畜都不能从这里经过，直至牛王会结束。同时，全村人从初八就开始斋戒，不能吃肉、饮酒，甚至饭菜里都不能放葱、姜、蒜等辛辣之物。

二、迎贡：迎牛王焚香拜、安神灵上贡品

正月十二中午要举行三官出坛仪式，牛王会由此正式起会。届时，大李家坬村会长谢文山带领秧歌队和唢呐班子将三官神像、牌位从舍家家中接入搭建好的佛堂中。下午，会长还要手持接会旗，带领正副舍家、唢呐班子赶往马坊，与马坊华严寺大会长刘丙成商讨次日"迎牛王"事宜。唢呐班子到了华严寺就开始吹打

横山区牛王会上的牛王和菩萨　陈团结/摄

横山区牛王会,人们围成圈观看演出　陈团结/摄

助兴，当晚华严寺彻夜灯火通明，香火不息，每续一柱香都要放一串鞭炮。

正月十三一早，大李家圪的牛王菩萨銮驾、旌旗、秧歌队、唢呐班子一行数百人要前往马坊华严寺迎接西天古佛（老佛爷）和牛王菩萨。前一天到的会长、舍家回归本村队伍，马坊秧歌队在会长刘丙成的带领下在马坊村口举行迎接仪式，两家秧歌对打对唱，两家会长三参三拜。8 时一到，来自马坊村、陈庄村、峁庄村、韩石畔村、姬渠村的 10 支秧歌队便陆续进入寺庙举行谒庙仪式。届时锣鼓喧腾，队伍浩浩荡荡，好不热闹。

谒庙之后，一众会长要先在牛王神像前焚香、烧纸、叩拜，随后号手鸣号，舍家头顶老佛爷、牛王菩萨像及《梁皇宝忏经》，将其小心地安置在神楼之中。一应准备完毕，号手鸣号、炮手放炮，由开路旗、开路锣开道，后跟唢呐班子和十班秧歌，全副銮驾、彩旗在前引领，洒净、打醋炭人员在前，舍家头顶熏炉、香表等，身穿黄衣的 16 人抬楼子队伍分成两班，分别抬起牛王菩萨和老佛爷神楼向大李家圪村前进。整个队伍浩浩荡荡，足有两三里长。

值得一提的是，自 1984 年重办牛王会以来，牛王会信众一直坚持以全程步行的方式将神灵抬回办会村庄。本次的大李家圪村，距离马坊村 10 余公里，沿途须经党岔、响水、南塔三个乡镇的多个村庄方可到达。为了近距离体验当地民众对牛王菩萨的信仰，记者也随着浩浩荡荡的迎神队伍向大李家圪走去。

马坊、卜沙滩、乔沟、井湾、姬渠、胡沟岔、陈庄、高林庄……迎神队伍经过的每一个村落，都有大量的牛王会信众自愿在路边搭起火塔塔跪迎神灵，烧香、烧纸、放鞭炮，祈求得到神灵的庇佑。神楼来到跟前时，人们纷纷向神楼叩头，楼轿也向群众回礼。来到窑湾的卧龙寺时，牛王菩萨和老佛爷的神楼还要向寺内的大小神灵行礼致意，秧歌队此时也没有闲着，队员们和着锣鼓的节点扭着、闹着，可谓是一路前行，一路欢腾……

下午3时，当迎神队伍到达大李家圪村前搭建的彩门时，来自佳县金明寺的经师要奏起佛乐前来迎接牛王、老佛爷的神楼。到达佛堂之后，便由经师迎神、安神，而10支秧歌队伍则在佛堂前的广场上红红火火地扭了起来。随后，在大李家圪村会长谢文山的引领下，经师奏起佛乐，带领着头顶牛王菩萨和老佛爷铜像的舍家及唢呐班子、秧歌队、銮驾队和迎贡队前往蒸贡房迎贡。诵经之后，48个红色木盘被人们顶在头上，又在秧歌、腰鼓的伴随下来到佛堂。人们跪成两排长队，然后交叉传递着将这一盘盘贡品依次递入佛堂摆好。牛王菩萨和老佛爷像前摆的二龙戏珠（面塑）。

据刘世清介绍，马坊牛王会自古以来采用的都是素贡。贡品可分为蒸贡（蒸制贡品）、高贡（炸制贡品）和炉贡（烤制贡品），三种贡品各48盘，分别在正月十三、十四、十五进献牛王菩萨，故称"三堂清贡"。但因某些村庄没有条件制作炉贡，便以水（果）贡代替，仍称"三堂清贡"。

三、颂经转九曲

正月十三上过蒸贡后，经师便要开启《梁皇宝忏经》，开始铺坛诵经。十卷经要分三天颂完，每颂完一卷，经师都要奏起佛乐，出佛堂到启醮大士棚和韦陀棚祭拜，上达天听。

正月十四一早，在太阳出来前要上高贡（枣山、枣树、冰糖核桃、油炸渣渣等）。中午11时，整个队伍要前往九曲场转九曲。刘丙成告诉记者，整个牛王大会期间共转四次九曲，十四中午、晚上各一次，十五中午、晚上各一次。其中十五晚上转九曲为倒转，即从出口进，从入口处，是为"忏九曲"。大李家圪的九曲场采用的虽是铁质灯柱，但点的仍是油灯。转九曲时，仍是由开路锣、旗在前，随后为唢呐班子、秧歌队、牛王銮驾、佛教经师，舍家仍需头顶牛王菩萨和老佛爷铜像跟随在后，最后则为村中的全部信众。每过一处星点，经师们都要停住脚步，口中念念有词，最后高呼一声"报平安"，祈祷新的一年吉祥、平安。

九曲转罢，经师还要带领銮驾队伍到幡场转幡，以示对已逝的宗亲及各路孤魂野鬼的安抚，令其同享牛王会的盛事。之后，负责升幡塔的人员还要听从经师指示，在唢呐和礼炮声中升起高10余米的纸扎幡塔（共15层，用纸361张）。

横山区牛王会　陈团结/摄

四、佛爷降世跑马放赦

正月十四当晚，职位最高的一位经师需要通宵书写赦书，其他人不得入内，书写的赦单为除牛王会第四分会外各会会村，以及第四分会所属五个村子全部家庭家长的名讳在一张张黄色的麻纸之上，其目的是告知牛王菩萨和老佛爷本会的全体会众会尽心尽力办好此次牛王会，同时希望神灵保佑全体会众平平安安。

正月十五清早迎接赦单到佛堂，迎佛，再上一道贡，叫水贡，全部是时鲜水果雕成各种造型，最后供上十件宝。11时，牛王会还要举行一次转九曲活动，此后便是"跑马放赦"。届时，位置最高的经师要穿起红色袈裟，头戴五佛冠，在佛乐声中来到幡场，双手合十，作为佛的化身立于象征佛坛的高台之上；他的助手会打开赦书，低声诵读；出榜画押时，牛王会全体办会人员都要跪拜在佛堂前，每念出一人的姓名，便有人答到，此时便在此人名下画上一笔。念完全部人员的姓名，便将榜单悬挂于佛堂之外……而一旁的几位骑手（过去骑马，现多骑摩托车）分别手执东、西、南、北、中的五方旗，朝着不同的方向骑去。不一会儿工夫，五方的骑手分别赶到佛坛之前，分别高呼"报报报报……"总会副会长刘世清此时站于神坛前，接过一面旗子，便问"几成"，骑手则高呼"东方十分""中方十二分"，寓意将赦单上每位会众的灾祸免掉，村庄圈住，拒瘟神于村外。

正月十六，纸塔、牌位、赦单等牛王会所用的纸扎用品全部烧掉。在总会主持下，大李家圪牛王会还要将三官爷像、神牌位、水陆画等送回马坊华严寺。华严寺举行隆重欢迎仪式，并等待明年举办牛王会的第五分会朱阳湾村前来迎接三官爷及一应办会物品，由他来年供奉一年。本次牛王会就此划上了一个句号。①

---

① 姚浪：《走近横山马坊牛王会（下）》，参见《榆林日报》，2014年2月19日。

横山区等待迎牛王的腰鼓队员　赵利军/摄

横山区牛王会新旧"社家"交接　赵利军/摄

横山区牛王会　陈团结/摄

横山区迎牛王菩萨神楼的场景　赵利军/摄

从参与观察的田野报告可以看出,三天里各种仪式和表演,都围绕两大主题:一是超度亡灵,念经时声音洪亮,场面庄严肃穆,拜启醮面燃大士神棚时不断地念经奏乐。迎幡、推幡时绕着幡场21根红色木杆插成的5个五行图案,走五行八卦图的路线,最中间的杆子头上绑着一把长柄扫帚,转幡过程类似舞蹈,步伐庄重稳健,民间宗教意味十足。升大塔时所有人面对竖有幡杆的山头跪下,会长和社家焚纸烧香,一声长号后十几米高的彩色纸塔在山顶冉冉升起,在风中飘荡,如同蒙古敖包顶上飘扬的彩色经幡;二是保佑人畜平安,转九曲时人群在灯场似黄河水在弯曲的河道里流淌,时缓时急,富有节奏,寓意一年四季顺畅平安。敬神上贡的三堂贡从原材料到成品,全部为粮食作物,蔬菜水果,专门做贡的师傅做成各种工艺品,承载汉族传统技艺,风格粗犷,寓意明确。骑马放赦是牛王会的核心主题,形式很可能来自马背游牧文化,意在赦免人间灾祸。

榆林市黑龙潭庙会的贡品队伍　　赵利军/摄

而在整个仪式过程中，主持本年度牛王会村庄民众的"斋戒"是需要特别注意的一个程序，即就是说，在牛王会举办之前，"斋戒"是必不可少的准备性仪式，且成为本年度牛王会是否能够顺利举办的先决条件。提到斋戒，人们多会想到佛教的"吃斋念佛"或"持斋茹素"，以为地方社会民众斋戒的习俗是受佛教的影响才有的，其实并不尽然。

早在先秦时期，就已经有了斋戒的仪式，正如《礼记·曲礼》中记载："斋戒以告鬼神。"显然，斋戒与祭祀仪式有着文化上的联系。《墨子·天志》中亦载曰："天子有疾病祸祟，必斋戒沐浴，洁为酒礼粢盛，以祭祀天鬼，则天能除去之。"可见，斋戒在当时是祭祀之前一项很重要的程序，后来也以此来表示对祭祀之事的严谨与郑重态度。但当时的"斋戒"并非指吃素食，而是指"斋必变食"（《论语·乡党》），忌食有辛味臭气之物，所谓"荤，辛菜也，凡物辛臭者皆曰荤"（《仓颉篇》）。且《周礼·天官》中有还记载："斋日三举"，郑玄注：杀牲盛馔曰举①。

而随着佛教的传入，带来古印度的"斋日"风俗，两种不同文明的斋戒传统在中土融汇，才逐渐形成了素食"斋戒"祭祀性与宗教性混同合一的文化风俗。因此，牛王会斋戒仪式，既强调不能吃肉、饮酒，也有饭菜里不能放葱、姜、蒜等辛辣之物的要求。既体现了参与民众群体承袭着先秦以来对待祭祀之事、庙会活动郑重严谨的文化传统，同时也更反映出牛王会整个庙会活动在历史形成中融合本土信仰与佛教信仰的突出内涵与文化特征。

2. 仪式组织

如果说仪式过程是庙会活动中的制度性外化形式，那么仪式组织则是庙会活动中的主体性内部结构。作为每一届庙会活动仪式掌管的组织方，

---

① 〔汉〕郑玄注，〔唐〕贾公彦疏：《周礼注疏》，卷四，上海古籍出版社，2010年版。

大多依托于其具体地方社会中的村社、村会，涉及地域有大有小，人员数量也多少不一，但大都根据其庙会活动的文化影响力与共同体特征而变化。与此同时，庙会活动的仪式组织都有一套或严整或松散的、延续传承下来的人员构成、组织方式、行为规则等共时性特征。而这一主体性的内部结构，则因其与地方社会的紧密联系和具体庙会实践的对话过程，在不同历史时期也有着相应的历时性调整与变化。这种社会文化结构与主体能动性之间的张力，以及庙会仪式中所呈现出的共时性与历时性综合特征，构成了地方社会中庙会仪式组织值得考量与认知的独特意义。以蒲城县尧山圣母庙会的仪式组织——神社为例，有学者就此作了非常翔实、细致的归纳与总结：

> 尧山神社目前是一个松散的群众组织，其结构可以分为三层，由总社、社及各社下属的头组成。尧山总社之下设有社十一个，十一社中的每社之下则设若干"头"，目前诸社之总头数约有六七十个。十一社之上设有总社，总社也称大社，设在尧山大庙之内。社里重大事项均由总社召集十一社会长共同商定。
>
> 总社，设一会长，一副会长，其余各分社会长均为总社成员，会长也可由下属社之社长代理，现由山北的九社东党之人任总会长，山南的二社会长兼总社副会长。总社设有保管一名，出纳一名，会计一名，负责总社财务。尧山大庙中设主持一人，负责看管庙宇与庙中香火，常年有一对老年夫妇在庙中居住，归总社领导。总社成员多为各村中德高望重的老者，担任会长或其他职务均为兼职，社中平日无甚事体。按社中规定：每年农历正月十五与八月十五，总社要举行两次例会，当祠庙与社中有大事时亦可临时集合开会。总社最主要的工作就是协调十一社接送神的活动、制定仪程与监督各社执行，同时还负责尧山大庙的管理维修与集资。各社具体活动的事务则由各分社自主筹备，总社一般

不干预。

　　总社之下的十一社，其地位并不完全平等，据已故的原尧山庙主持张春兴先生说总社议事时，其它社缺席不是很重要，但头中尾三社不同，这三社如果不到，会中大事是不能做出决议的。头中尾三社在十一社中的地位，有点类似"常委"。而这三社中，一社又有其特殊性，即一社有修神楼的权力，一社社长在各社接神至山门时，都是端香盘者，这一点，其它社也都没有资格。从所见祭祀活动中观察，似乎十一社间还存有三层关系，即最上为一社，其次为中社与尾社，最下为其余诸社。以历史资料分析，总社似乎是虚设的，主要由十一社轮流掌管庙中资产与管理大庙之许可权。……十一社地域分布以尧山为中心，东西长约 11 公里，南北宽约 11 公里，总面积大略在 100 平方公里的范围之内。这一范围中包括翔村、罕井、上王三乡（现为镇——引者注）的大部，如《蒲城县尧山协会》之《章程议案》所称："尧山协会由蒲城县尧山南北七个乡镇（原乡镇小，今合并一部分）中的 120 多个村庄组成，分为 11 个分会，总会设在尧山上。"

　　从地图上看，十一社基本是围绕尧山庙依逆时针顺序安排的，即一社处于尧山西南，二社、三社等依序向东、向北排列，五社位于其东，最后一社则处于庙之西北。排列井然有序，可见十一社的排序出于统一的规划。……

　　诸社主要是为组织接送神灯祭祀、耍社火及维持庙宇而设，其有相对稳定的地域和相对稳定的信众。尧山诸社的辖地大小不等，最大者为六社上王，最小者为八社桥西，普通一社相当于多个村庄的联合。但其间也会发生变化，如某村可能因故不参加当年社事，另一村也可能过去未参加而此次又加入社事，同时还有开除与加入的情况引发的变化。社是组织社火的中心机构，有独立的经济权力。旧时各社都有庙，管理社庙亦为社之职责。当接

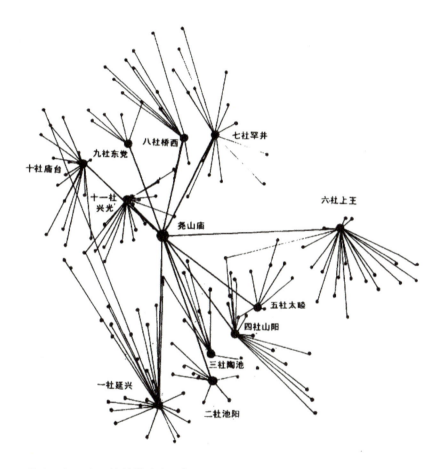

蒲城县尧山十一社地域分布图①

---

① 秦建明、[法] 吕敏编著：《尧山圣母庙与神社》，中华书局，2003年版，第34页。

送神之时，是一社最忙之机，要筹备经费物资，组织各头的社火节目与接送神，安排唱戏，有时还有筹款修庙。社的中心一般设在较大的村镇中，并且有社庙与之相配。社里设会长（古称社首）一名，助手数名。在接送神时还设有会计和社火头与总务、安全、防火等负责人。各社的会长，有的是传习的，即父死子继，也有当地推举的，如果干得出色，也可长期担任。通常只有德高望重、诚实正直、办事公正、不谋私利的人才能担当这一职务。引起本社社众不满的会长也会被改换。各村之间，为了社火排序先后和争神等发生纠纷，会长如经常主事不公，引发矛盾，失去威望，或有其他劣迹，就可能被换掉。总社有时也插手管理，对于不称职的会长，可警告，罚跪香，甚至开除。一般各社社务是自行安排，当然社间也可以相互帮忙，如八社人少，2000年接神时七社曾出人帮八社打社火。五社太睦接神时至三社陶池借神驾出行的仪仗执事。

社下分为若干"头"，头的主事者俗称"头长"或"小会长"。……一般说来，社中村庄多则头多，村庄少则头少，原来可能视各社管辖区域村落大小人口多少而定头之多寡。一头所辖范围，大致相当于一村，在人口分散的地方，也有几个小村并为一头的，而巨村大镇中，亦有分为数头者。头的结构有些类似于其上的社。……近年来头的结构发生某些混乱，有的地方以村庄或生产队为单位组织新头，社中对此无力管理，只能承认。……头与头间的地位并非完全平等，头间也有"头社"之说，"头社"的权力相对要大一些，一般是社庙所在地的头为"头社"。……

一社之内，还有区分为主社与帮社的说法。所谓主社，是指在社事活动中处于主导地位者，而帮社则是指参加社事活动中处于从属地位者。对于已经在社者而言，那些原来没有参加社的村子，后来也想参加，但又不能新建独立的头，只好跟在别的头后面参加活动,此种情况,即可称之为帮社。……对于社内各头之间来说,主社之外的各头,也可称之为帮社。……严格来说,主社与帮社的关系就是主从之分。与主社相比,帮社在享受游神等权利方面就低人一等。有人说:"帮社永远是帮社,它不能改变其身份。"主社与帮社因此会产生很大的矛盾。……当然,也有对帮社这一名称非常反感的,或者根本不承认有所谓主社与帮社之分,持这种观点者,主要是那些被称为帮社中的人。事实上,这些被称为帮社的,也一直试图改变自己的身份。……帮社一词,有时微含贬义,如当主社发觉其他头提出非分要求时,往往会指出:你是帮社。言下之意是说,你没有资格享受这种权力。所以,出于礼貌,现今一般人都不轻易当面说别人是帮社。

尧山神社有出社之名,诸如说:"某某村是出社",那就是指被开除出社的村。……"出社"一词也可当做动词使用,即相当于'开除'。如说:'把某某村给出社了'。在历史上,有许多村被出社,人们至今还可以一一指出那些被出社的村名。据现在的社里人说,这些出社的都是不听话、不守规矩、爱闹事或者自以为是的村子。被出社的村,则与社火无缘,更不能游神。……被出社者也有自己的说法,如白水南河,村中老人说其社距离尧山太远,所以过社事时常常迟到,因此屡受惩罚。加之总社中有人以其为外县人而故意刁难,南河人实在受不了此气,就抢了一个神楼,回村另建一庙,自己祭祀自己打社火。而尧山神社也同时宣布将南河打出社。……尧山一带有许多村子都是"出社",或曰出社以后,永远不能入社,社中只有减少,没有增加的。按这种说法,历史上尧山诸社远比现今规模为大。当然,有出社就该有入社。……实际上,2002年十社接神,内部分裂为南北二摊,分别举办社火,处于南方的仁和郑家二头,为了扩大与北伞头的对抗实力,将多年未参加活动的两个临近小村也拉进了自家的社火队中。

……依据村庄与社之间的关系，社所在区域的村庄可试分为下列几类，一是主社，即处于中心地带（如乡镇所在地），同时又是控制社中大权的村庄；二是其余的社中各头，这类村庄是社中的成员，但未掌握中心管理权；三是帮社，其可以参加祭祀与社火活动，但地位不如入社的正式村庄；四是"出社"，是曾参加社后又被开除出社的村；五是历来没有入过社的村庄。

　　由于历史上行政区划变动等关系，社与现在的行政区划往往不相一致，同时，其管理也与行政无关，因而社显示出一种独立的特点。但是，这一特点近年有所变化，如三社陶池出现以生产队为单位的头。从有关历史资料分析，唐宋时期的村落比现在稀少，因此，我们分析：古社大约是一村一社。其社的头在碑中或称"乡老"，就是一证。其后人口与村落增多，这些古村社便成为主社，而那些新增加的村落便成为帮社。有些社中也会杂有其他社之人，如一社延兴在尧山南，尧山之北也有同姓回来参加社事，传说这些同姓是后来分衍出去的，在外地落了户。有时一村中两姓，会参加不同的社或头……这说明，社形成之后，并不是能简单以地域划分，其中还交织有姓氏宗族的网络。

　　这十一社下总共有头约63个，此系2002年调查之结果，以最近一次打社火组合为主要依据。[①]

由上文可知，几位学者不仅做了针对整个神社组织的历史资料整理、参与观察，同时也对参与的民众做了很多有关仪式组织的田野访谈。主要有以下几点特征值得深入考量与辨析：

[①] 秦建明、[法]吕敏编著：《尧山圣母庙与神社》，中华书局，2003年版，第33-43页。

第一，阐释了仪式组织的体系内外结构，不同的层级、数量，以及构成这种层级结构的社会文化原因，以及其可能存在变化性的部分结构，同时指出村庄的历史渊源（传统）、地理位置（地缘）、家族网络（血缘）、行政区划（国家在场）等因素对仪式组织结构产生的不同程度影响。

第二，强调仪式组织结构中的社会伦理道德属性，即以传统农耕社会中所崇尚的德高望重、诚实正直、办事公正、不谋私利等作为仪式组织者的价值标准，并以此作为互相考量的依据和准绳，同时构成仪式组织者在参与庙会仪式活动前后的社会舆论监督。

第三，以相似性的伦理标准来要求仪式组织下的村社单位，并以"出社"作为惩戒行为来强调地方社会共同体维护核心道德与价值标准，从而在仪式活动过程中对仪式组织内部进行年度性的规诫与整合，并以敬神祭祀活动为依据作为整个地方社会秩序的道德强化与规范整肃。

第四，通过不少实例证明，在层级化的仪式组织与仪式活动实践过程中，仪式组织的结构也是相对松散且时常变化的，松散性更体现在现实维度的场景导向性，而仪式组织构成的变化很多则更是来自一些偶然性因素与特定事件等；

第五，可以明显看出，庙会的仪式组织结构在很大程度上是受制于某一地方社会内的地域范围与文化空间，这种影响不仅在于"祭祀圈"抑或是"信仰圈"的文化共同体观念，更来自农耕社会中十分重要的"村社"结构与"社祭"传统。

三、敬神恤民：功能内涵

实际上，庙会活动中的仪式功能，不仅能够从以上两个方面，即仪式过程和仪式组织中呈现出来，更通过仪式活动当中的形象化、符号化的事象以及参与民众的场景化、实践性的过程来具体表达。正如拉德克利夫·布朗所说："一切社会制度或习俗、信仰都起着调适个人与个人、个人与集

蒲城县尧山圣母像　陈团结/摄

体或之间关系的作用。"①庙会活动中的仪式通过民众群体的参与发挥具体的社会文化功能，从而将仪式行为和敬神观念有效地衔接起来，与此同时，仪式的整个过程又不仅是民间信仰习俗的神圣表达，更是地方社会交往的世俗过程，个体、群体通过参与仪式组织和仪式活动，在地方社会中实现个体与个体之间、个体与群体之间、群体与群体之间的交流互动，并使得群体村落之间的关系更加稳固、村民之间的交往过程符合公共伦理，村落内部与外部的社会关系得以调适与整合。

有学者通过对陕西关中地区庙会的田野考察，提出了"庙（会）是关中农村区域社会整合的中心。"②也有学者基于关中金村庙会所呈现出的具体经验进一步阐述，引用前人理论观点，即"献祭与祈祷体现了人对神的敬畏之感和虔诚信仰之情。它强化了人对神的依赖和驯服，固定了人—神关系，从而也固定了人—神关系所表现的人—人关系"③，"作为一个事实，它们表面上的功能是强化信徒与神之间的归附关系。但既然神不过是对社会的形象表达，那么与此同时，实际上强化的就是作为社会成员的个体对其社会的归附关系"④等，认为庙会更是一种社会秩序生产机制，村庄成员共同组织参与庙会，通过庙会宗教整合、交往整合、文化整合与市场整合等功能有效稳定了当地的社会秩序⑤。

上述论证，都体现出了从整体论与社会功能论的角度出发，将庙会活动视为地方社会文化共同体的外化形式，作以阐释和总结。但庙会活

---

① [英]拉德克利夫·布朗著，夏建中译：《社会人类学方法》，华夏出版社，2002年版，第3页。
② 赵晓峰、张红：《庙与庙会：作为关中农村区域社会秩序整合的中心——兼与川西农村、华南农村区域经济社会性质的对比分析》，参见《民俗研究》，2012年第6期。
③ 吕大吉：《宗教学通论》，中国社会科学出版社，1989年版，第297页。
④ [法]埃米尔·涂尔干著，渠东、汲喆译：《宗教生活的基本形式》，上海人民出版社，1999年版，第109页。
⑤ 李永萍、杜鹏：《乡村庙会的社会整合功能及其实践特征——基于关中金村庙会的考察》，参见《湖南农业大学学报》，2016年第17卷，第4期。

陇县庙会，吃神饭的人们　　李文泽/摄

动的仪式功能，并非仅仅停留在社会文化功能这一层面，与地方社会共同体相关，与此同时，其内在逻辑作为民间信仰的精神生产，也同时具有超越世俗社会的神圣性一面，并以此实现通过生命体验与日常需求在个体层面的另一重功能。可以说，庙会活动的仪式功能，也是在社会共同体与个体参与者两个层面实现的，这二者之间是交织融合、共享共生的关系。

因此，可以说，地方社会庙会活动中仪式的功能，分为个体性功能与社会性功能两大类。

个体性功能主要从个体参与者的生命体验与日常需求出发，实现庙会仪式活动的精神意义与价值。纵观各类庙会活动，个体对神祇的敬拜仪式及其它具体的实践行为，都有超越日常、超越现实的精神意味，而这种意味对于个体参与者而言，是一种超自然的生命体验过程。

在这一过程里，个体在日常生活情境中的现实困惑与精神诉求都得以充分表达与自由抒发，并通过仪式活动中的各种事象、象征物与实践过程等知识话语体系来获得互动体验，从而在互动中重新取得来自日常又超越日常的个体生命权利的体认与关照。应该说，只有充分认识到每一个体参与者生命体验过程，及其如何通过仪式行为和组织交叠汇聚起来，才能够深入把握与理解构成庙会活动"集体性"与"狂欢性"的真实内涵。

但这并不是说，庙会仪式的功能仅仅停留在个体日常生活层面，而更应该看到个体日常生活中所衍生出的社会文化意义，恰又是编织在社会交往的个体之间，并维系着群体性的原则与秩序。与普通集市相区别，带有民间信仰精神内核的庙会，是农耕民众基本生存信仰的核心空间和文化圣地。民众在其中主要有两方面的精神诉求，一方面向神祇祈求风调雨顺，祈福禳灾，是对农事活动、生计方式的日常关照；另一方面，向神祇祈求生育繁衍，人丁兴旺，则是对家庭、族群发展的未来规划，"祈嗣则送子观音、骊山老母，九月九日祷祝拔神前花，生子则沓银花。"①作为活态的精神传统，它与民众的日常生活交融为一体，传统仪式的功能价值在民众日常生活体验中得到展现，满足了民众个体化与群体化的双重需求。

仪式中对神祇的敬拜是民众集体诉求的结果，所谓"春祭神以三月十八日，即古祈谷之意，其遇雨而贺，即古秋报之意，其他遇旱而雩，遇灾而禳，遇疾病而祷，遇无子孙而乞，皆于神所然。惟祈谷之礼既毕，社人序齿，燕饮犹存初制，而神为方社，审矣，夫神既主一方，生民之命，是默赞天地之泰，阴畅山川之郁秀，毓品汇之生保，兹蒸民申眷穷，独使君子获福，足劝为善，小人获祸，足惩为恶，则一方人众，戴神真如慈母，畏神真如鸣雷矣"。②

---

① [清]《临潼县志》，卷一，清乾隆四十一年刊本。
② [明]《高陵县志》，卷二，明嘉靖二十年刊本。

周至县东岳庙庙会上的神楼　张凯/摄

在长期的社会发展过程中，庙会仪式的个体性功能通过仪式过程中所承载的共同信仰体系，形成了相对一致的社会目标和文化准则。有序的社会生活来自民众个体的生命体认与个体之间的交往实践，以及二者在历时性过程中所交汇而成的社会文化集体记忆，仪式则是这些情感、知识逻辑的外在体现。

当仪式开始调动、维持这些社会共同体情感逻辑，并对其产生持续性的作用时，通过具体的活动程序和个体、群体实践行为，其特有的社会性功能也就随之显现出来。虽然人类学家拉德克里夫·布朗认为"大部分人都不重视仪式的应验问题，重视的只是它的社会功能，即仪式在建立和维持一个具有正常秩序的人类社会时所发挥的作用，"[1]但在具体的活动中，仪式应验和维系秩序成为地方社会中庙会仪式活动所共有的高峰体验，对于地方社会的个体与群体来说，庙会的仪式过程都无疑是一场集体式的欢腾。如铜川耀州区香山庙会，"历年以三、十两月为会期，每会十余日，远省邻县来祀者人以万记，金鼓声彻涧谷，香火之盛甲于药王、城隍，贸易极盛，数十年如一日。"[2]

因此说，庙会仪式活动的超现实意味，不仅满足了个体参与者对现实困惑与精神诉求的心理需求，更在社会伦理与实践层面重新塑造了个体和集体，对地方社会秩序产生新一轮的、时间性的重要维系作用，从而进一步将个体与群体的价值观念、意识和实践统一起来，规范和促进社会共同体的有机团结，起到巩固、发展和维系共同体社会文化秩序的多重功能。与此同时，庙会活动作为地方社会中的重要事件，不仅动员且召集了社区内部大多数的社会资源，并且对周边地区也具有一定的社会文化辐射作用。

---

[1]〔英〕拉德克利夫·布朗著，潘蛟等译：《原始社会的结构和功能》，中央民族大学出版社，1999年版，第72页。
[2]〔民国〕《续修陕西通志稿》，卷一百九十八，《风俗四》，民国二十三年线装本。

第三章
农耕四季:庙会的时空节奏

　　山中山外货云屯,酒肆茶寮闹市门。红日渐高人扰扰,万头攒动晨又昏。

——清·王时叙

　　穑事告成,报赛田祖,是时,或市牛马资耕耨,或购衣褐谋卒岁,或抱布贸丝,以有易无,为储蓄计,正有如汉书所云,岁时合乐,行乡饮酒礼之类。

——《续修陕西通志稿·赛会》

蓝田县的社火　王宏林/摄

一、四季更迭与岁时年节

大部分学者使用宗教人类学家涂尔干"神圣—世俗"二元对立的框架展开对庙会活动的研究,将庙会与民众的日常生活对立起来,强调庙会期间的"神圣""非常"和"狂欢"等属性。然而,如果过于强调庙会的民间信仰特征,民众信仰生活化的特质也就被人为地从民众的生活世界、生活层面剥离开来。①因此,无论是从民间信仰、社会交往,还是从文化濡化和地方市场等维度审视庙会之于地方社会秩序的整合功能,庙会活动的地方性实践不仅没有因为其神圣性的精神内核而脱离民众的日常生活,相反,仍具有浓厚的个体日常生活与社会实践意味。

正如有学者指出:"庙会的神祇敬拜活动固然具有神圣性,但庙会也为世俗活动内容提供了空间、平台与契机,世俗的社会交往、文化濡化和市场网络作为庙会的外围活动内容,虽具有独立的运行逻辑,但同时也服务于庙会的神圣化表达。因此,庙会实际上是神圣与世俗的交融,具有'圣俗一体'的实践特征,庙会'圣俗一体'的实践特征体现在其时间安排、空间配置和主体合作三方面,从而将神圣内容与世俗内容共同加载在庙会的共同架构之中,神圣与世俗要素的各得其所是庙会能够有序展开和有效整合的基础。"②

地方社会中的庙会活动,在不同的神祇敬拜仪式之外,因其渊源来自古代的"社祭",是农耕文明影响下的直接社会文化产物,自然与现实世俗生活中的农事、农时等文化元素息息相关,同时受到相应的影响和制约。一般来说,陕西地方社会中的庙会活动因此而分为几种类型:

---

① 岳永逸:《家中过会:中国民众信仰的生活化特制》,参见《开放时代》,2008年第1期。
② 李永萍、杜鹏:《乡村庙会的社会整合功能及其实践特征——基于关中金村庙会的考察》,参见《湖南农业大学学报》,2016年第17卷,第4期。

第一类是指直接以敬拜农神、社神为精神主旨和信仰内核的祭祀与庙会活动，如黄帝祭典、炎帝祭典、杨凌区后稷祭祀、武功河滩会、镇安县、合阳县、韩城市等地曾经举办过的八蜡庙会，高陵区、蓝田县、洛川县等地的后土庙会等。

第二类是指与农事活动密切相关的神祇的庙会活动，如横山牛王会，以及以农事行为所需生产资料（即农具、饲料、牲畜等）的交易商贸活动作为重要内容的庙会，如定边赛驴会等。

第三类是指直接源自农事农时安排，以农闲/农忙的二元时间性质、农业实践的日常过程如春祈秋报等，作为生计时间的节奏区分，如众多县、镇、村的"麦黄会""看忙会"、咸阳秦都区渭河南忙罢古会等。

第四类则指来自更细化的农耕时间节奏，即所谓顺应农时结构，符合农耕文明制度的文化时间，从春祈秋报传统中衍生出的岁时年节、二十四节气以及农历系统中的其他重要节点，这类庙会的数量最多，种类丰富，一大类是以节气风俗与神祇敬拜仪式意义交织叠加的庙会活动，如耀州区陈炉窑神庙春秋祭祀礼仪、白水县谷雨祭祀文祖仓颉典礼、长安区斗门石婆庙会、城固武侯墓清明祭祀活动、韩城司马迁民间祭祀、铜川药王山庙会等，而另一类则是直接以岁时年节、农历的重要节点，如正月十五、六月六、三月十五等为时间的庙会，如大荔县阿寿村二月二庙会、西乡县午子山三月三庙会、彬州区灯山会、山阳县漫川古镇双戏楼庙会、周至财神故里祭祀活动，等等。

除了这四类之外，另外还有一些庙会活动，或专门纪念某位神祇、历史人物、某个重大事件、某地点，如临潼区骊山女娲庙会、凤翔灵山庙会、城固地母庙会、杨凌区恩义寺庙会、澄城武帝庙会等；或其主题与民间信仰、道教、佛教等信仰活动联系紧密，如富县太和山庙会、黄龙县无量山莲云寺庙会、鄠邑区北乡迎城隍民俗、长安区王曲城隍庙祭祀和庙会等。还有一些庙会，虽然没有和农事农时以及其岁时年节、节气等时间节点直接相关，但是因其产生及其发展植根于历史进程中农耕社会背景，所以其所延续至今使用的时间系统,并非近代以来的公历时间系统,而仍然是植根本土的农历时间系统。

需要指出的是,上述的四种只是大致以知识学领域来划分的主要类型,而在现实地方社会中的庙会实践活动,处于农事农时的意义网络与文化空间之中,其所涵盖的内涵与外延虽然各有侧重,但在上述类型中会出现交叉与重叠的情况。

无论如何,综上所述,现阶段在陕西地方社会文化中传承发展的具体庙会活动背后,虽然地域分布不同、时间前后错落、主题内容各异、影响范围有所差别,但都呈现出乡土中国对自然物候、社会人文、时间系统的顺应,并敬畏相匹配的世俗文化体系。

与此同时,庙会活动的时间节奏与文化特质仍来自农耕文明背景下民众个体生命与日常社会生活的交织往复,更包含着农耕社会传统中人生仪礼、家庭伦理、道德义务、历史记忆、群体认同、交往技艺和审美认知的延续性、精神性存在,并在很大程度上,仍保留农耕文明体系中强大的地方性知识文化惯性与社会共同体向心力。

1. 农事农时:春耕、夏忙、秋收、冬闲

地方社会中的以四季为时间节奏的庙会,是古代社祭中春祈秋报传统的延续。社日,即举行祭祀土地社稷神的集会。汉代之后,社祭一年举行两次,春社与秋社,《岁时广记》中记载:立春后第五个戊日为春社,立秋后第五个戊日为秋社。所谓春日打醮,是为风调雨顺;秋日打醮,是为酬谢神灵,以待来年。即"夫春祈秋报,以飨以祀,神格洋洋,降福无疆,吾人之志愿毕矣"[①],"祖有神,春祈秋报,祀典隆焉,所以仰答神庥也"[②]。欧阳修在《原弊》中谈到,乡民群体的重要支出便是"春秋神社、婚姻死

---

①②〔清〕《永寿县重修新志》,卷九,清光绪十四年刊本。

鄠邑区坳河村迎城隍庙会　陈团结/摄

长安区侯官寨迎春牛老爷社火　李文泽/摄

葬之具"①。

在众多的明清陕西地方志中，有许多关于春社、秋社的记载：

如有的强调春社、秋社的重要性及其社会文化意义，"天社，春社，以兴农事；秋社，以报秋成，后土之精也"②，"秋田息蜡，春社烹羊，人其永寿，天亦降祥。"③"社饮酒礼，里人百家，行之社祭。之后故今，东街社人，春祭神以三月十八日，即古祈谷之意，其遇雨而贺，即古秋报之意，其他遇旱而雩，遇灾而禳，遇疾病而祷，遇无子孙而乞，皆于神所然。惟祈谷之礼既毕，社人序齿，燕饮犹存初制，而神为方社，审矣，夫神既主一方，生民之命，是默赞天地之泰，阴畅山川之郁秀，毓品汇之生保，兹蒸民申眷穷，独使君子获福，足劝为善，小人获祸，足惩为恶，则一方人众，戴神真如慈母，畏神真如鸣雷矣"④，"春社修社会婚嫁乘时皆举……秋社之事一如春社"⑤，"春祈秋报之期，四方辐辏，熙熙而攘攘者，盖踵相接也，此固神之灵"⑥。

有的叙述仪式过程与规模，"春秋社祭，会饮酒殽于百家内供办"⑦，"当是时春祈秋报之礼，里皆以时而举焉，品物仪文甚侈缛也"⑧，"又制，各处乡村人民，每里一百户内立坛一所，祀后土、五谷之神，每岁一户，轮为会，遇春秋社日，用羊豕各一牵祭，毕会饮"⑨，"（三月）二十六七八等日，远近居民，群至请神庙进香许愿者，并于城内外山头及文屏山二郎庙，身披黄纸，随诸神会周行，曰转山，以报赛神功，是为雕山春社"⑩，"韩之城

---

① 〔宋〕欧阳修：《原弊》，参见《欧阳修全集》，中华书局，2001年版，第871页。
② 〔清〕《陕西通志》，卷一，清文渊阁《四库全书》本。
③ 〔清〕《定远厅志》，卷首，清光绪五年刊本。
④ 〔明〕《高陵县志》，卷二，明嘉靖二十年刊本。
⑤ 〔民国〕《汉南续修郡志》，卷二十一，民国十三年刻本。
⑥ 〔清〕《高陵县续志》，卷二，清光绪十年刻本。
⑦ 〔明〕《高陵县志》，卷三，明嘉靖二十年刊本。
⑧ 〔明〕《渭南县志》，《祠祀考》，明钞本。
⑨ 〔清〕《蓝田县志》，卷一，《风俗》，清钞本。
⑩ 〔清〕《绥德直隶州志》，卷四，清光绪三十一年刊本。

宝鸡市庙会，蒸礼馍　岳宝群/摄

隍庙于艮隅，邑候虔祀，岁时如制，而邑民则殷于秋报赛会，于八月之念，荐牺荐乐，分隅竞胜，蒸煠烹燔，则弗欲露，陈特为殿，以设之笙鼓管钥，则弗欲霖，弛崇台楼以奏之，楼峻殿丽，北耆陈撰等，自幸所藉，虔祀者落落成也……德馨殿，盖邑候所拜享，广荐殿，则邑人秋报者赛，列其中也"[1]。

---

[1] 〔清〕《韩城县志》，卷十一，清乾隆四十九年刻本。

有的强调春祈秋报在社会群体中的呈现，以及其对建构社会共同体的文化表征意义，"里社祭典，凡各乡村，每里一百户内，立社坛一所，坐南向北，设五土五谷神牌，向南而祭，以祈雨旸时，若五谷丰登，择齿德兼全者一人为会首，每岁以二月社日春祈，八月社日秋报，祭物各随地方乡俗，时年丰俭，会前一日，斋戒至期，陈设行礼，赞引如仪，礼毕一人立于坛上，宣读抑强扶弱誓文，众户齐立坛下，拱听读毕，以齿叙坐，会饮尽欢而散。不及别事，酗酒赌博，如违公制，誓词曰：凡我同里之人，各遵守礼法，毋恃势力凌弱，违者先共制之"①，"陵东距城数武，建立后土宫，历年久远，庙貌巍峨，气象宏敞，春祈秋报者络绎不绝，盖取坤元配天长，养万物之义，地道也，亦母道也，按之祀典为正，非同梵宇浮屠，一切无稽淫祀，徒以蛊惑人心，伤风败俗也"②。

一年四季，受自然物候的影响，农业生产活动从种植到收获会表现出一定的节律性特征，即农事节律。春祈秋报，春种秋收，在一年当中最重要的农事农时安排之外，还有许多与农事相关的重要时间节点，其中麦黄夏忙之后，陕西关中地区的"忙罢会"是其中重要的一种，虽然只有咸阳渭河南"忙罢会"被评为省级非遗，但关中地区各地"忙罢会"在庙会习俗方面较为类似，有学者对西安市长安区和宝鸡地区"忙罢会"的细节叙述如下：

> 在陕西长安县（今西安市长安区——引者注）及其毗邻的西安市灞桥区红旗、席王、狄寨一带……农忙会在收麦前举行，地点在一些集镇，村民们从四面八方聚来，主要是购买如镰刀、筛子、簸箕、扫帚、杈、耙之类农具，以备夏收时在麦田或麦场上使用。农忙会实际上是有时间性的农具交易市场。为了搞得红火

---

① 〔清〕《洛川县志》，卷十四，清嘉庆十一年刻本。
② 〔清〕《高陵县续志》，卷二，清光绪十年刻本。

一点，有些村子还组办社火、高跷以助兴。在长安地区人们过的诸会中，最具特色的还要算忙罢会了。

忙罢会，时间在每年夏季麦子割完晒干收藏之后进行，按农历从六月中旬开始到八月上旬结束，形式是以自然村为单位，一天在一个村举行，相邻的村子约定俗成予以排开，绝不撞车。比较特殊的是，这种会并不是全村人汇聚一起，既不设会场，也没有一个主持人，而是以这个村的每个家庭为聚会点，各家接待各自在外村的亲戚。先前，对前来参加忙罢会的亲戚只限定于姑表亲和姨表亲，即只能是女儿到娘家，外甥到舅家或姨家。以后范围扩大了，只要是亲戚都可以来，走亲戚照例是不能空着手的，忙罢会送礼品是有讲究的，给亲戚家要送20个油塌子，油塌子类似大花卷馍，每个约四两重，面要精粉，卷上葱花、调料，装在一个叫做条儿笼的长方形竹篮子里，上面盖着毛巾，用胳膊挎着或者用扁担挑着。客人拎着礼品来，主人家自然要盛情款待。过会这一天通常是要给亲戚招待两顿饭，第一顿饭是臊子面，这种面又细又长，与细挂面一样细，但要长两三倍，臊子分荤素两种。素臊子由葱段、冬瓜丁、豆腐、木耳、黄花加调料放入油锅炒成，然后烩入拌有粉面的开水锅中，待面条煮熟后捞在碗里，再舀上臊子浇在面上，然后调上盐醋酱辣椒即可吃。素臊子加上肉末就是荤臊子。长安地区人把吃臊子面也叫做吸长面。这顿饭从第一个亲戚开始吃直到最后一个吃完，一般在上午九时到十二时之间，第二顿饭大约在下午三时至五时之间进行。这顿饭是比较讲究的，……此地人把这顿饭叫做坐席。坐席完毕，路途远的亲戚有的就告辞先回家了，近处的亲戚还要坐着谝到天快黑时才回家。

亲戚送油塌子，主人招待臊子面和酒席，这只是长安地区忙罢会的表面形式，而其内在的东西却是最有意义的。这就是亲戚们之间相互总结和交流种庄稼的经验。忙罢会这天，自打第一个亲戚到主人家，直到席终人散之前，一整天的时间，亲戚们相互交谈的内容，除了互相问候老人的健康和子女的成长，更多的则是询问今年的麦子收成怎么样，如果谁家的夏粮丰收了，大家就一定会问，你家用的啥麦种？每亩播了多少斤？施的什么肥？麦子锄了几遍？浇了几次水等，非要把经验学到手不可。如果谁家歉收了，亲戚们便要集体会诊，帮助这家亲戚找出教训来，有的还会主动提出援助和协作。看着人们彼此间这样坦诚的会面情景，我们不能不佩服先代农民们创造的这么好的一种集会方式。

忙罢会在长安地区究竟始于何时，目前尚未见到文字记载。1965年笔者曾就此请教过一位78岁的老农，他说自记事起就过这个会呢，由此可见忙罢会至少可以追溯到清朝光绪十一年（1885年——引者注）。

忙罢会这一古老的传统民俗形式，当然也毫无例外地会受到经济、政治因素的影响。从经济上讲，遇到丰年，它就办得热闹丰厚些。遇到灾年，就要过得清冷些。亲戚们在口粮尚且不能保证的情况下，还真为送20个油塌子犯愁呢。主人也为端不出好菜好酒招待亲戚感到作难。从政治上讲，远的不说，就以十年"文革"年代说，忙罢会也被列在"四旧"之列，自然是被破除的对象。每到某村过会这一天，天不亮公社大队就会派民兵到村口堵截前来的亲戚，甚或没收油塌子。十一届三中全会以后，忙罢会又兴盛起来了，粮食充足，市场活跃，忙罢会从形式到内容都发生了极大的变化。单说送礼，送油塌子的情况已不多见了，代之而来的是少则两样多则六样的食品，诸如名烟名酒糕点罐头。再说待客，臊子的味道更美了，面条更白更细了，酒席也愈发丰盛了……当然，变化最大的是谈话内容，过会见面，亲戚们互相询问的已不仅仅是麦子收成如何，更多的话题是交流致富之道。这个说，听人说你家的汽车拉货挣了不少，那个道，你家的电磨子也挣了不少钱……大一点的村子,每逢过忙罢会,村委会就会出面筹款搭戏台,还要从省城请来秦腔名家唱几场戏,为忙罢会平添了热闹喜庆的气氛。①

农人过会之盛大、之隆重丝毫不亚于过年。各村过会期间,家家户户都人来人往,忙忙碌碌的,但人人脸上都喜笑颜开,高高兴兴。特别是女儿女婿在过会期间来看望父母。关中地区流传着一句农谚"麦稍黄,女看娘"。会后娘家人要回访女儿家,拜望亲家母。这时传统的礼物是新麦粉蒸的"曲莲"(一种圆形中间有孔的馍)。有的还雕花上色,做成鱼、龙等吉祥图案,既好吃,又好看。人称"看忙罢"。

过会前三天,过会的村庄家家户户就开始张罗着洒扫庭院、洗洗换换,家里窗明几净,人人也穿戴得新鲜亮丽。其后,买菜,割肉,打酒(或自酿米酒和麦酒),磨面,压面或擀面、添置碗碟,桌椅板凳,招待亲朋。赶会走亲戚的邻村人同样也是忙忙碌碌的,换换洗洗,蒸馍买礼,或夫妻双双,或携儿领孙,出门过会。②

通过对"忙罢会"的描述,庙会活动与以下方面息息相关:

首先,与血缘亲属制度和关系网络紧密相关。一方面是收获了新一年的粮食,在洒扫之余相对宽裕,有可以足够供日常饮食之外的"宴饮"和礼仪食品的"家族社交式"(即"待客")粮食储备;另一方面也可在年中时间走亲戚,联络和强化家族感情。

其次,与农事实践节奏紧密相关。一方面"忙罢会"的时间节点正是由地方社会中粮食作物收获时间而定;而另一方面,在"忙罢会"的交流

---

① 侯荣生:《长安地区的忙罢会》,参见《丝绸之路》,1993年第5期。
② 崔彦:《忙罢会的来历》,参见《宝鸡日报》,2016年7月12日。

长安区庙会,社火表演　陈团结/摄

期间,本年度的农业收成效果近在眼前,对于村里的民众而言,是一个必要且与日常生活状态息息相关的话题,因此对具体的农事实践有着年度性的影响。

再次,与地方社会的日常变迁节奏紧密相关,叙述中提到,"忙罢会"不仅受到自然物候、粮食收成的影响,也同时有来自政治、经济等因素的制约,这种影响与制约,不只是对"忙罢会"自身的礼仪形式有外在性的影响,如引文中提到的"堵截前来的亲戚,甚或没收油塌子",或"为端不出好菜好酒招待亲戚感到作难",更有其核心内涵的转变,与地方社会变迁构成互文性,即"变化最大的是谈话内容,过会见面,亲戚们互相询问的已不仅仅是麦子收成如何,更多的话题是交流致富之道"。

上述三点构成"忙罢会"的核心特征,如果说第一点中的血缘关系与亲属制度仍然是地方社会中不可或缺、延续继承的重要文化结构,第二点的农事实践与农业生活已随着时间推移与社会变迁发生巨大变革和转型,那么,第三点中,面对日常社会变迁,参与"忙罢会"民众主体主观能动性的变化,才是"忙罢会"植根于农耕社会,又直面现实、抒发日常的文化生长点与社会原动力。

2. 岁时年节

岁时年节,又称岁时节令,岁时节日。岁时节日,是传统中国关于年度时间节点的专属文化概念。有学者指出,主要是指与天时、物候的周期性转换相适应,在民众社会生活中约定俗成的,具有某种风俗活动内容的特定时日。岁时早期以自然时序为核心,节日后来以人文时序为核心。

如果以历史时代为界的话,汉魏以前属于岁时的时代,汉魏以后是节日的时代。①庙会作为一种综合性的风俗活动,其时间节奏的把握,也是随

---

① 萧放:《岁时节日》,参见《民间文化论坛》,2016年第4期。

着岁时年节的内涵变迁，而逐渐形成一种既符合岁时四季的年度规律，又成为节日习俗与礼仪安排的重要文化节点。

这其中，与农事农时联系最为直接紧密，推衍出的时间节律与文化时间便是二十四节气。二十四节气制度作为一种农事农时的制度性安排，源于中国人对自然物候的节律总结与时间安排，并逐渐转化为较为统一的文化时间节点，也正是因为这样，它不仅作为农耕文明根脉的重要积淀与精神内核在地方社会特别是乡村社会得到广泛推行与实际运用，也因此获得了悠久的文化生命力，流传至今。

由于农业社会与农耕文明的性质所决定，二十四节气也推衍成为千百年来民众日常社会生活的重要时间节点。但二十四节气不仅仅只是一种农事时间制度，也还有丰富的民俗文化内涵。在远古的观象授时时代，农事周期就是庆典周期，所谓符合"天人合一，顺应四时"的理念，节气也就是节日，只是后来由于阴阳合历历法制度的创立与推行，节气与节日才发生了分离。①不过虽然如此，节气与节日在当下仍然保持了千丝万缕的联系，几乎每个节气都有丰富多彩的习俗活动。

与此相适应，乡村社会生活的时间安排也会随之呈现出相应的节奏性，从年初到年末，一年四季各种活动各适其时。农业生产活动有起有伏，有忙有闲，乡村社会生活也就一年四季各随其时，相应巧妙地配合又有序地分布于一定的时间与空间之中。②其作为时间节点的安排是地方社会与民众生活的重要体现与组成部分之一，许多庙会便是其中结合节气与节日的综合性仪式性庆祝活动。

---

① 刘宗迪：《从节气到节日：从历法史的角度看中国节日系统的形成和变迁》，参见《江西社会科学》，2006 年第 2 期。
② 参见王加华：《被结构的时间：农事节律与传统中国乡村民众年度时间生活——以江南地区为中心的研究》，上海古籍出版社，2015 年版。

二、农事闲暇：酬神娱人

农事活动之外，农闲季节、闲暇时间的娱乐活动也是不可或缺的。"民俗终岁勤苦，间以庙会为乐，演戏召亲。"①而娱乐活动重要性也是伴随着庙会活动内涵的变迁而日益凸显，"余如乡村赛会，拜偶像，演戏剧，有祈子会、朝山会、湫会、醮会、迎驾会、刀山会、射火、放花会等，香火甚盛，荣而忘倦，相沿已久，推厥原因，亦由信仰神权渐变为娱乐也。"②

华阴市清明节"秋千会"　石宝琇/摄

---

① 〔清〕《深泽县志》，卷五，《礼仪志·风俗》，雍正十三年刻本。
② 〔民国〕《岐山县志》，卷五，《官师》，民国二十四年铅印本。

在具体的庙会程序当中，最重要的大型民间娱乐活动当属社火和戏剧两类。"竹枝词云，上元射虎，市灯开，忘却前，年贼马，来忙罢，新粮才数斗，村村赛戏已登台。"①诚然，这二者也有不少意义重叠与关联之处，社火也常被人们叫做"看戏"，即"哑剧"。社火中角色表演者是以舞台亮相的形式进行游展，观众对扮相角色的辨认靠的是脸谱。正如有学者认为："社火与戏剧文化密切关联着，甚至可以认为，它就是中国民间强大戏剧文化的一个种类，一个兼容了远古傩文化、较为晚近的戏剧文化和诸多其他文化内容的综合种类。"②

但是，社火因其参与性、组织性、地域性更强，更强调区域地方社会中的社火组织，并且是在迎神送神仪式之外，在社会共同体之中举行的一个最为重要的文化认同构建与社会心理投射活动。而戏剧演出，参与者与组织者则并不一定来自本地，主要通过庙会活动对不同的戏剧形式与内容的选择，以及在戏场内外、戏台上下的社会、个体、群体历时性与共时性的对话和互动中，对地方社会的民众产生重要的伦理价值引导与文化濡化作用。

1. 社火

社火与戏剧是庙会的敬神娱人的重要方式，庙会中的社火与戏剧是迎神送神仪式之后的重要活动。"至期，或演戏，或巡神遍游，或设药线放花火，或纵力驰马为敬"③，"其社火呈于露台之上，所献之物，动以万数"④。社火是现今仍然存活在中国汉民族乡村社会的一项大型民间文艺娱乐活动，

---

① 〔清〕《同州府续志》，卷九，清光绪七年刊本。
② 田荣军：《社火文化研究——以宝鸡县天王镇社火为个案》，西安美术学院博士论文，2008年。
③ 〔民国〕《续修陕西通志稿》，卷一百九十八，《风俗四》，民国二十三年线装本。
④ 《六月六日崔府君生日二十四日神保观生日》，参见〔宋〕孟元老撰，邓之诚注：《东京梦华录注》，中华书局，2005年版，第213页。

以村落、神社为组织单位,出现在庙会、节庆活动等地方社会中的重要场合,有学者认为"社火是村社化了的'国祀'仪式,也是最红火欢腾的民间游艺活动"①。就是说,社火作为植根于地方社会结构的一种节庆、娱乐活动,自然不仅伴随着庙会活动出现,还会出现在当地其他的年节性庆典活动中。

仅从字面词义上看,就可知社火与源自先秦时期的社祭仪式有着密切的关系,这是社火产生的文化根源。而在历史发展中,社祭仪式经历了从神灵崇拜到既娱神又娱人的娱乐狂欢的意涵转变。文献中最早的社火记录,来自南宋时期范成大诗中描述的具体社火场景:"轻薄行歌过,颠狂社舞逞",他注释道"民间鼓乐谓之社火,不可悉记,大抵以滑稽取笑"②。梅尧臣《春社》诗也曾载:"树下赛田鼓,坛边饲肉鸦。春醪酒共饮,野老暮相哗。"③

至迟在清代以后,社火的使用范围开始扩大,不再局限于在社祭时演出,也在许多民间庙会和祈雨等仪式中演出,表明社火与社祭仪式开始分离,但其深度内涵仍然具有社祭文化的精神延续性。与此同时,社火与庙会活动的关系至今仍然十分紧密,成为不少庙会在敬神迎神仪式之后的重要娱乐活动,地方社会的民众正是通过社火这种规模宏大的狂欢形式,将对神祇敬拜心态进一步寄予其中,无形中表达朴素而壮阔的社会共同体意识与传统文化热情,从而呈现出庙会活动中敬神娱人的综合性文化特征。

如蒲城尧山圣母庙会中,就有丰富多彩的尧山社火,有一般社火,如舞狮、舞龙、竹马、旱船、大头娃、神棍等;还有几种地方特色的社火节

---

① 程征:《陕西民间美术的原始性》,参见王宁宇编:《美术学文萃》,人民美术出版社,2002年版,第37页。
② 〔宋〕范成大:《上元纪吴中节物俳谐体三十二韵》,参见〔清〕吴自牧等编:《宋诗钞》,中华书局,1986年版,第1787页。
③ 〔宋〕梅尧臣著,朱东润校注:《梅尧臣集编年校注》,上海古籍出版社,1980年版,第1155页。

鄠邑区芯子社火《杨门女将》 张影舒/摄

蓝田县社火中"柳木腿"高跷场面　王宏林/摄

目,如斗子旗、三眼枪、花杆、八仙板、八仙鼓、花鼓、尧山大鼓、芯子(芯子多以铁件、圆钢、弹簧钢板、扣件组成);另外还有尧山神社交接簿、金书铁券等。[①]学者指出,社火活动在庙会活动中娱乐民众的同时,也呼应了之前迎神送神的敬神意涵,在社会表征中构成重要的互文关系:"如只是简单迎送神,没有社火,便会冷冷清清,但只有社火,没有接神楼,社火便也索然无味,失去它的娱神本义和主题。"[②]所以可以这样说,不同庙会活

[①][②] 秦建明、[法]吕敏编著:《尧山圣母庙与神社》,中华书局,2005年版,第51、50页。

动中的社火,内容也是各不相同的,其演出的程式安排、前后次序、物象载体、文化内涵都受到特定庙会精神内核的影响与形塑。

维克多·特纳指出:"在虚拟结构里,所有过分的行为都是可能发生的,但是(这种方式很奇特)这些粗率的'交融支持者'却能通过戏谑和嘲弄,将交融渗透到整个社会之中去。"① 综观社火演出的整个过程,都是在神圣与世俗的交替中带着打破日常社会秩序和社会结构的痕迹,这与"结构—反结构"模式的社会文化理论相对应。正是社火这一娱乐活动"反结构"形态的展示,使得不论是参与者还是观看者都在社火演出中感受到了"非日常化"的气息,并产生了社火表演中才有的和谐交融。因此,在地方社会中,社火仪式不只表达敬拜神祇的意涵,更是全体地方社会共同体成员的狂欢娱乐活动。

另外,社火在民间多以村、"社"为单位进行组织活动,组织一般称作"社火会"。在地方社会举办社火的过程中,社火会拥有绝对的权威,负责社火表演内容的确定,演员的挑选、化妆,以及对外联系、后勤等工作,明显地体现出一种民间组织的性质。社火的这种基层社会组织功能,源自民间里社从原始聚落和祭祀组织向地方社会共同体的演化。

因此,庙会的"神社"和社火活动的"社火会"作为地方社会中的民间组织,无论是涉及地缘范围、人员构成、组织规模,还是内部制度、组织方式、实践过程等都有很大的重叠性,其组织结构不仅受制于某一地方社会内的地域范围与文化空间,更强调"村社"结构与"社祭"传统。

庙会活动中具体的社火组织,也同样凸显出地方社会共同体意识与文化认同感。有学者指出,由于社火与社祭、傩事有密切的联系,而社祭本是对地方神的祭礼活动,祈告本地五谷丰登,因此它有凝聚社区的意义,即

---

① [美]维克多·特纳著,黄剑波、柳博赟译:《仪式过程——结构与反结构》,中国人民大学出版社,2006年版,第205页。

长安区杨庄牛老爷社火,参加表演的孩子们 李文泽/摄

蓝田县庙会，行进中的社火队伍　王宏林/摄

通过社火的具体组织系统、组织过程、组织形式等，如社火的"绕境"①，试图将本社区的家家户户纳入其中，把传说（信仰）、实践和群体结成一个体系，证明民间村社组织的生命力和重要性。

与此同时，社火按"社"这种传统的基层文化社区来组织进行，从而补足基层行政组织所缺乏的文化凝聚功能，这种社会功能一直延续至 20 世纪中叶。②而其潜在的文化主体性特质与地方社会影响力，仍然或隐或显地呈现与贯穿在年度性的陕西庙会社火活动当中，并因与现代社会、城镇化进程对话的张力，而在社会文化的知识生产过程中存在新一重建构的可能性。

---

① 董晓萍：《村社——社会组织（三）》，参见《文史知识》，2000 年第 9 期。
② 赵世瑜：《明清华北的社与社火——关于地缘组织、仪式表演以及二者的关系》，参见《中国史研究》，1999 年第 3 期。

陇县正月庙会上的社火　陈团结/摄

长安区杨庄绕村而行的社火队伍　李文泽/摄

2. 戏剧

传统戏剧的产生与发展过程，与庙会、社火有着异曲同工的流变特征，即"从祭坛到庙台，从敬神到娱人，这是中国戏剧艺术从远古宗教祭仪分散流布后经由中古的民间祠神活动而重新凝聚、生发、形成与成熟的一个特殊的发展过程"①。因此，在庙会活动中，戏剧演出的角色也是在敬神与娱人的社会文化意义当中跌宕往复，逢会必演戏祝贺，以祈求神灵保佑地方社会风调雨顺、物阜民康，并表达地方社会中敬神之虔诚，庙会之红火。所谓"前村佛会歇还未，后村又唱春台戏。敛钱里正先订期，邀得梨园自城至。红男绿女杂沓来，万头攒动环当台。台上伶人妙歌舞，台下欢声潮

西安市城隍庙庙会上的秦腔演出　　陈团结/摄

---

① 高琦华：《中国戏台》，浙江人民出版社，1996年版，第9页。

压浦。脚底不知谁氏田,菜踏作菹禾作土。梨园唱罢斜阳天,妇稚归话村庄前。今年此乐胜去年,里正夜半来索钱,东家五百西家千,明朝灶突寒无烟。"①

不少庙会活动中的戏剧演出,既暗含着庙会敬神的精神内核,也有教化民众,彰显社会道德伦理的文化功能。与此同时,这种彰显并不仅仅是一种社会群体宣教的功能,更是与个体生命体验、日常生活和心理结构互动的过程。个体在戏剧情节、演出程式、戏剧人物情感表达与流露中寻找认同与群体社会规范建立的过程,也是个体与地方社会区域文化濡化过程暗自合拍、息息相关的过程。同时,戏剧作为一种娱乐性的视觉、听觉艺术表现形式,也能让观看者在超越现实的神仙鬼怪、悲欢离合、爱恨情仇中,暂时脱离日常俗务,忘却现实生活的艰辛与苦恼,从而得到身心的愉悦与消闲。

宝鸡市庙会,戏台上的演出　高岸/摄

---

① 〔清〕《村田乐府·演春台》。

庙会活动中的戏剧演出，因此兼具敬神娱人的社会文化结构：

第一，庙会中的戏剧演出虽为娱乐活动，但又因带有祭祀性特征有别于其他场合，有许多植根于庙会主题等与地方社会文化的场景要求与安排过程，具体演出剧目不少为神仙戏，演唱内容和庙会中的祭神酬神仪式互相照应，相得益彰。如城固天爷会对联所称："荡荡无能名假菊部竹丝曲传写天心仁爱，悠悠曷有极借梨园子弟细形容帝德宏深。"①如长安斗门石婆庙会"正月十六庙会开始，白天演唱秦腔曲目《天河配》《长生殿》等，晚上举行祭祀典礼。典礼内容为给织女献饭、献灯、念经、守夜，直到第二天。……献灯的时候有献灯曲，如《十挂灯》：'一挂的灯挂红的灯，红灯挂得一层层。一个仙女来玩灯，先添的油，后拨的灯，灯火拨的亮晶晶。'"②

第二，戏剧舞台上往古来今、人神互通的剧目从内容到情节都有跨越日常生活与社会人生的特点，演戏者、看戏者也都因此而跳脱出日常的生活结构，进入庙会活动的日常反结构样态中，并在与日常境遇和人生感悟的相互对照中诉诸情感，进入个体与群体的文化狂欢式共鸣空间：

"扮演百戏……衣妆服饰务出新奇，更兼宝玩毕陈，匪但磐其家藏，亦且取之外府，极一时视听之娱，游戏通衢衙署，每至一处，彩红酒果赏耗，务各从丰"③，"从农历三月十二日到十六日，（周公庙）前有五天对台戏，这是最盛的五天，十二以前便有许多人赶到，安设小摊，专卖饮食和一些农具……来赶庙的人，不下六七万人，狭长的山沟，塞得水泄不通，附近的人，可以当天回去，路远的都在庙前庙后露宿，他们为了求福求财求子求孙，便忍受了一切疲倦……（凤翔）府城隍庙会期，是农历三月廿四到

---

① 城固天爷会庙门对联，参见《城固县文史资料》，第七辑，内部资料，1985年，第78页。
② 陕西省文明办编：《过好我们的节日——陕西传统节日习俗》，三秦出版社，2016年版，第153页。
③ 〔民国〕《凤县志》，卷十，民国十六年铅印本。

清涧县庙会观剧场景　石宝琇/摄

廿六日，照例演戏三天，虽然它的势派比周公庙小些，但周围数十里以至百里民众，都听它的号召，到会的人，不下三四万"①。

"待二通锣鼓响后，戏台上的幕布忽啦啦地拉开，那些才子佳人、帝王将相、百姓庶民陆续登场：对白、武打、唱腔，唱念做打一点儿不马虎，扬水袖、舞刀棒、抖花腔、翻跟头都很认真。记得那时候常唱的戏有《打金枝》《铡美案》等。戏文的内容多以倡导弘扬忠孝节义、劝善教化、惩恶扬善为主，那些经典唱段常常能发人深思，往往使戏迷醍醐灌顶。观众的情绪随剧情的发展而变化，伴人物命运的变化而起伏，台下的那些头裹白羊肚子手巾、手拿旱烟袋的白胡子老汉，头上搭个手巾巾，后脑勺绾个大发

---

① 李泽民：《从岐山周公庙会说到凤翔府城隍庙会》，参见《西北向导》，1936 年第 4 期，第 28—29 页

旬邑县庙会，戏曲舞台上方的"风调雨顺""物阜年丰"祈福旗　张影舒/摄

宝鸡市陈仓区庙会　李文泽/摄

髻、怀里抱个小孙孙的老大娘们，看到动情处一会儿咧嘴大笑，一会儿怒目圆睁，一会儿又为剧情人物悲欢离合、喜怒哀乐哈哈笑，抹眼泪。"①

第三，庙会活动中戏剧演出的组织协调又来源于地方社会的日常生活，台前幕后、戏里戏外，无一不投射着村社组织的力量与影响。"筹办庙会是一项复杂的系统工程。庙会前，纠首（管庙会的总领导）们要写戏，约定时间、价钱。戏写好了，便张罗戏台，确定灶房、帮灶的人等。有戏台的组织人手打扫，没有戏台的就临时搭建。几个身强力壮的后生拿铁锹、镢头刨几个坑，栽4根粗木棍做台柱，再横顺挡几根柳木或槐木椽子，用帆布在顶上一盖，除前台敞开，其余三面用帆布、席子一拦，用布把前台和后台隔开，一个简易戏台就搭成了。"②

在陕西地方社会庙会活动的戏剧演出中，有许多不同于一般戏剧演出的场合、内容和程式的分类与讲究，有学者梳理总结如下：

青苗戏

农民们为保护庄稼而酬神的一种社戏。古有"八蜡之祭"和"祭百神以报穑"的祭祀活动。这种活动多在每年春耕前及秋收后举行。陕南、关中、陕北均有此风俗，尤以汉中为甚。负责组织演出的是由一村或数村（社）的"青苗会"或"羊头会"牵头。会首（俗称会长）由村民推举或各村头目轮流担任。会费按田亩分摊。演出约请戏班和天数由会首议定。演出地点在八蜡庙前或土地庙前，无一定演出仪式。剧目内容以群众喜闻乐观者而定，村民向神位烧香与否各随自便。20世纪40年代以后由于战乱，抓兵拉丁不断，农民无心再唱青苗戏，相关的组织也随之解体。

---

①② 宋增战：《赶庙会看戏》，参见《榆林日报》，2019年8月21日，第六版。

会戏

寺庙神会的定期演出。陕西在汉代就有"祈名岳,望山川","卫保散腊,倾盖社场"的"戏倡舞像"风俗(桓宽《盐铁论·散不足》第二十九)。清代:"每村多醵金集会。春秋暇时,必演戏三日,或曰酬神,或曰还愿,实则人民娱乐之一种耳"(张紫晨《中国民俗与民俗学》)。延至20世纪50年代以前,陕西各市、县、乡镇会戏的名义、会期与演出的规制不尽相同。如渭南市下邽镇每逢四月八日为佛祖生日会,开场戏规定演《郭瑷拜寿》,接着由会首点戏、选把式(名演员),转至抬爷楼作供奉演出。柞水县四月八日为城隍爷生日的城隍庙会,勉县则以四月二十八日为城隍会,同州府的城隍会为八月初二。渭南市大钟寨西岳庙会戏,第一天先到华阴西岳庙唱三折神戏,演出结束,把预先扎制的神楼抬至城隍庙内作供奉演出。大荔县每年从正月初九城北十家庄"上九会"(正月初九敬九天玄女神)起,会戏不断,如正月十五日火神庙会,四月初八麦黄会,八月初二城隍庙会,九月十三关帝庙会,十二月初五娘娘庙会,每年竟有十多次,凡会必有戏。少则一台,多则两台。一般会戏多为三天四晚,有的七天七夜,或时间更长。此外,有些会戏多为季节性的物资交流会,如南郑县天台山、佳县白云山会、关中各县的"冬至会"及勉县"清明会"等,都与神佛名义无关。

挂灯戏

会戏首夜演出,开始挂灯,故名挂灯戏。因这一夜的主要的观众是会首和当地军政要人及缙绅头面人物,故演出内容有三个特点:一是接神。开台要演神戏。二是亮箱。显示班社的衣箱新、把式(名角儿)众多。三是要演拿手的折子戏,不演大本戏。在白水县、大荔县、合阳县还有"接台"的习俗。"正赛"(迎神赛会的第二天)头一天戏班来到后不论天气早晚都要"接台"。有的

蒲城县庙会上的走马戏演出　陈团结/摄

地方"三开箱"（每天上午、下午、晚上三次开演）之前也要"接台"。

"接台"分"男接台""女接台""先打后接""吵台"等九种："男接台"即由班社的头道（技艺最佳的一等演员）须生、小生、大净、丑角五至七人各按自己拿手戏中的角色化妆，依次登场，面对观众分别一字儿立于桌凳上，各自选择自己在群众中影响较大的剧目选段清唱，全体唱完后鱼贯下场。"女接台"是紧接"男接台"下场后，依次上场的正旦（含正小旦）、小旦、花旦、老旦、媒旦，其化妆及清唱选段的特点与"男接台"同。有时也单独出现"男接台"或"女接台"。"先打后接"，即于"接台"前由各行当武打演员表演其翻、爬、滚、打（对打或开某种"档子"）的特技。"吵台"，即选一段在紧锣密鼓中表演的戏，由承担演出的班社所有武打演员组合演出。"接台"后方能演正式安排的剧目。

天明戏

会戏第二天，从晚场开戏一直演到次日天明叫做"天明戏"。大荔县把正戏（即第二天——"中戏"的演出）日早上天亮时开台演出的敬神戏叫"天明戏"；把"天明戏"和上午演出的"一本加三折"及下午接连演出的折戏等三部分称为"连登科"。白水县苍圣庙（即苍颉墓所在）的"天明戏"要求正戏日早晨从鸡叫第一声开戏，直到午夜两点，吃饭时戏也不能停。即使台下无观众，台上也要"锣鼓响，人（正做戏的演员）在场"。稍有差错，台下的会长们手里的三眼枪和单眼冲即连珠似地打上台来。"天明戏"成俗的原因，一是社家为炫耀财势，招徕观众；二是社家可藉以多收赌博头子的钱及增加摊点税收。无论在哪儿，凡演会戏必有"天明戏"。

扫台戏

会戏的最后一夜终场时，要扮黑虎灵官出场清扫舞台的邪气，叫做"扫台戏"。"扫台戏"之前，有的地方要加演送神的"神戏"，出场脚色只有天官和四值功曹，所念的"诗"和对白全是保社家"万事大吉"之类的"官乱弹"。灵官上场时，戴扎有黄表的七星额子，手中的鞭每节都扎有黄表。他于烟火中在前后台间舞鞭，三进三出，念着"清吉平安"一类联句的"官乱弹"。于是台上、台下大放鞭炮，并由社家为灵官挂红（额子上勒一条红布或红绫子），灵官亮相，下场。灵官下妆的印脸麻纸也被观众抢走，用以避邪。在灵官扫台亮相当中，台上检场人等要将社牌、砌末等全部装箱；把台上的桌椅靠中墙一字儿摆齐。台下的会首等人则烧表敬神，抬走神像，撤掉香案，结束整个演出。

开场生

农村会戏开正戏之前，有一个随意袍带打扮的须生上场，叫"开场生"。他坐在中场，每隔十几分钟才说一句"官乱弹"，直到正戏演员化妆停当，才唱一段"盘古开天"之类的词儿下场。因其孤坐很长一段时间，群众讽之为"坐冷板凳的"。在"一本捎三折"或"天明戏"的演出中，班社为了照顾演职员吃饭或演员改妆，往往用"开场生"串场。有的庙会用三眼枪（土枪）催戏时，班社也用"开场生"应付。

神戏

以表现神仙临场庆贺活动的戏叫神戏，有迎神、送神（扫台戏）两种。凡庙会演戏，第二天必演神戏。"神戏"的演法虽有固定的"官乱弹"，但因各地习俗不同内容多有差异。镇安县境内演神戏分三等：

第一，大型庙会演出《蟠桃会》。这一种规模最大，出场人物除上八仙、牛郎、织女、东方朔、四季功曹（四值功曹）、福禄寿三星、四龙套外，还可按人员情况临时增加脚色。

第二，中型庙会演出《大赐福》。角色有魁星、财神、牛郎、四功曹、四龙套。

第三，小型庙会演出《三出头》。只上福禄寿三星。三种情况都带有"加官"。

演出时，会首除送"双么台"（正式开饭当中的夹餐叫"么台"；"双"即两倍于平常饭菜的白米酒肉）外，并根据神戏的不同规格增加戏价。长武县在正会的上午和晚上先演神戏——《大奠酒》（五张条子五类神）、《小奠酒》（三出头三类神）。旬邑县演出前几天，村长和老年人收拾庙院，谓之为神沐浴，并请神坐堂，接着村人领赠子（会上分送的祭肉等），杀猪宰羊，临演出时放鞭炮，烧表焚香献牲。合阳县还要求班社在会戏先一天到达演出地点安神。

对台戏（又叫"打对台"）

在同一届会戏中同时有两家班社比赛演出叫做"对台戏"。"对台"的戏台有固定建筑的"乐楼"（戏楼），但较普遍的则是临时搭置的戏台，有两台相向的，也有并列的，视场地条件而定。

"对台"讲究：

第一，比开戏。会首故意不定开戏时间，看谁家开戏的大号响得早，以定优劣，在增删戏价及外赏钱与伙食方面据以区别对待。大号一响，马上就得开锣出正戏。因此，两家班社都要暗自轮换吃饭，及时扮戏，前场（检场）则拿着大号站在台口，只等会上的三眼枪（土枪）一响，马上争先吹号，锣鼓齐鸣，角色上场。

第二，比声势。两家班社对每次演出的戏码和名演员互相保密。开戏后，如发现观众涌向对方舞台，则立即上名角儿的戏码，招徕观众以压倒对方，如此反复比赛。如遇戏码来不及更换时，立即换名角儿或上双角儿（如《法门寺》的双玉姣或刘媒婆等）。

第三，赛特技。如《铡美案》喷血落头（又名"带彩"）、《十王庙》飞叉穿腹与换头、李翠莲《大上吊》等，有时以剧目内容相互影射以压倒对方，如一家演歌颂刘备的《回荆州》，另一家则演《法门寺》以刘媒婆、刘彪贬低刘姓人物。

第四，赛名角。名角儿少的班社，对此则不惜重金从别处聘请名角以压倒对方。此项开支有时会上可酌情补助。

第五，比亮箱。班社为此特启用新箱，或事前租赁新箱，在数量（如十蟒十靠）和质量上要赛过对方。永寿县"打对台"还要"交神"。若一台戏是本地班社，一台是外地班社，要让外地班社在"上手"（即右方）舞台演出，并由本地班社派一名演小旦的名角儿给对方"交神"，即拿香表祭奠对方的"庄王爷"。并且在开戏时要各送三声号，第三声号音落时同时开戏。第一夜两家要唱互不伤及的"和平戏"。①

谷雨那天，（白水仓颉庙会）庙会正式开始。天放亮后，执事队进庙。16支古老的三眼枪在先，鸣枪开道；10面龙凤旗和12面五彩旗紧随；8面开道锣和一副"迴避""肃静"牌相跟；接着是成双成对的龙头、金瓜、斧钺、偏戟、云牌、大刀、长矛等各式法器；继而是一把高擎的万民伞；伞后是金顶红罩的仓圣神楼，下有24根护庙棍排列两行；5张楠木桌抬上香器、祭器、香表纸炮和各式供品；十大社社长随后，两班乐户吹吹打打，三眼枪、万字头鞭炮在后。万名观众围观。场面十分庄严、肃穆。

执事队进入山门，三眼枪向东西二戏楼上空开枪，两台大戏同时开演，谓之"迎神戏"。戏不能乱唱，有一定的剧目和套数。执事队进入献殿，在法器、乐器、钟鼓及鞭炮声中安主敬神。总会长领十大社社长及社会各界头面人物捧着盘子，分别将十八罗汉和八仙雕像、供板、供礼献于供桌上，上香祭酒，三叩九拜。

---

① 《中国戏剧志·陕西卷》编辑委员会编：《中国戏剧志·陕西卷》，中国 ISBN 中心，1995年版，第618-622页。

华阴老腔在西岳庙　陈团结/摄

接着，各校师生列于殿前致祭，脱帽三鞠躬，歌唱颂仓圣的歌："昔年创文字，以存利，大哉仓圣，何巍巍；启文明，伟功居然垂宇庙。以存世，万世治泽。"然后，百姓致祭，献上专为仓颉做的各种有图案的花花馍，上香叩拜。

仓圣庙唱戏，讲究很多。群众总结说："东起西落，先打后接，一本圈三折，一直唱到鸡叫时。"东台先开戏，西台早停戏，谓之"东起西落"。晚上演出，先演武打戏，再演文戏接台。每次开戏后，唱一本带三折，此谓"一本圈三折"。天不明开戏，日夜不停，鸡叫时仍在唱，此谓"天明戏"。两台戏对演，以群众多寡判断戏之好坏，谓之"对台戏"。戏唱得好，会长带善男信女，高举红漆木盘，内置大红贺帖，酒肉菜肴，在吹鼓手吹奏声中走过看戏人群，把盘内东西送上舞台以示嘉奖，对输者鸣枪警告，让其换戏。所以，剧团在演出期间，每次同时化妆两本戏，一本打回，另一本马上开演，戏演到第四天后，吃饭可停戏，演员和观众才有了一点喘息的机会。①

除了戏剧演出在庙会现场的特殊性以外，庙会当中的献祭乐舞大多是在庙宇前的空地、广场上或附近的建筑物里举行。后来，为了便于祭祀活动的进行，许多庙宇在主殿前修建高于地面的台观，或固定建筑，或临时搭设，随着戏剧舞台艺术与戏剧活动的发展，这些祭祀乐舞的场所就逐渐转变成为民间戏剧演出的公共戏台。庙会是民间祭祀神祇、交易市会的公共空间，但正是由于配祀戏场酬神娱人的逻辑起点切合了民众信仰的精神需要，所以神庙配祀戏场于庙会演戏自明清以来盛行不衰，成为地方社会民众生活中不可缺少的文化场所与娱乐空间，虽然修建戏楼旨在"每遇赛

---

① 腾讯道学频道：《仓颉庙会：谷雨时节举办的庙会》，https://rufodao.qq.com/a/20131226/012132.htm。

神之期……藉以报神明者",但若无戏楼,"即无所恃以舒民人悃忱也"。①据《中国戏剧志·陕西卷》记载,现存陕西地区重要的戏楼、戏台有②:

(1)澄城县城隍庙乐楼

位于澄城县城西街南侧城隍庙山门处,坐北向南,原名城隍庙神楼。创建于唐贞元十三年(797),明万历十年(1582)整修重建,更名乐楼,始为今貌。石柱石础等部分构件仍为唐时原物。明清以来屡经修葺,呈现明代风格,系省重点文物保护单位。乐楼由三部分组成,中间乐楼为主体建筑,两边为钟鼓楼。……系奏乐演戏酬神之所。

澄城县城隍庙乐楼

---

① 《清(三原)城隍庙创建乐楼碑记》,参见陕西省古籍整理办公室、咸阳市考古文物研究所合编,李慧、曹发展注考:《咸阳碑刻》(下册),三秦出版社,2003年版,第621页。

② 《中国戏剧志·陕西卷》编辑委员会编:《中国戏剧志·陕西卷》,中国ISBN中心,1995年版,第587-600页。

（2）岐山县周公庙戏台

位于岐山县城西北七公里周公庙山门处。据明洪武辛亥（1371）王讳《谒周公庙记》碑文所载，周公庙创建于唐代之前。唐大中二年（848）、宋元佑元年（1086）、金兴定五年（1221）均有重修。碑文云：元初庙尽废，至元十七年（1280），仍请李天乐真人重建，既成，其徒就守之，今庙是也，其庙中，正殿前有戏台为巫觋优伶之所集。证明今之戏台，为至元十七年所重建。明以来历有重修，建筑规制亦有变更。戏台位于正殿与山门中线正中，坐南向北。……为周公庙会演对台戏时所用。

（3）洋县城隍庙戏台

位于洋县城内城隍庙正南广场。据《洋县县志》记载，始建于明洪武四年（1371）。现属县级文物保护单位。戏台坐南面北，杆栏式建筑，由三个戏台组合而成。……可同时作赛戏演出。……每年农历八月初二为其会期，一般均有二至三台戏剧作赛会。

（4）彬县城隍庙戏台

位于彬县城内东大街路北城隍庙内，坐南向北，与正殿相对。据庙内石碑记：戏台为"明宣德四年（1429）十二月二十七日重修。"始建年代不详。……每年农历正月十五、四月初八、七月二十二日为会期，皆有会戏演出。

（5）佳县白云观戏台

座落于佳县白云观四门与正殿之间，坐南向北。创建于明万历三十三年（1605），清雍正、乾隆、同治年间均有重修，已变更原制。

（6）韩城城隍庙戏台

座落于韩城市东街城隍庙内（现系城关中学校舍），坐西向东。原为东西两台，现存西台，东台已毁。创建于明万历四十四年（1616），历代均有重修，现保持有明代建筑特征，部分构造已改为清代法式。……每年农历八月二十日为庙会日期，当地民众须请两台大戏于此赛台演出。

彬县城隍庙戏台[①]

佳县白云观戏台[②]

佳县白云观戏楼前的楹联
张影舒/摄

[①][②]《中国戏剧志·陕西卷》编辑委员会编：《中国戏剧志·陕西卷》，中国 ISBN 中心，1995 年版，彩页。

（7）扶风城隍庙戏台

座落于扶风县城东大街南侧，与城隍庙隔街相望。坐南朝北。明崇祯六年（1633）知县王国训创建（清嘉庆《扶风县志》）。台前大街，即为观戏场，每年庙会，必有戏班于此献技作场。

（8）鄠邑区甘河镇东岳庙戏台

位于甘河镇东一公里许。庙内原有大小两座戏台，均坐南朝北。小戏台已拆除，大戏台在五岳殿北50米处，面向正殿。庙内现存残碑《东岳天齐仁圣帝》碑记记载，此戏台建于"大明成化二十年（1486）"。清康熙十六年（1677）和光绪七年（1881）有重修。……该庙每年农历三月二十八日逢会，会期六天，有时二十一日起会，连续十天。每会必演戏。先在小戏台演三天，再在大戏台演三天；有时两台同演相互赛戏。

（9）白水仓颉庙戏台

位于白水东北40公里史官镇仓颉庙山门两侧，系并台戏楼，宜作赛戏演出。

（10）丹凤花庙戏台

座落于丹凤县龙驹寨花庙城船帮会馆内，南临丹江，坐南向北。清嘉庆二十年（1815）为丹江船帮工人集资所建。属省级文物保护单位。……广场宽阔，可容万名观众，每年农历六月六日庙会，均有戏班献技演出。

有学者通过对文献和资料的整理研究，认为从陕西关中地区，明代到清代"配祀戏场指涉对象及其空间的变化，表面看是民间信仰多元化、世俗化的表征，实际上，其背后隐含了晚清关中一带基层乡村神庙戏场全面参与民间祭祀空间构建的一种历史文化镜像"。就是说，"如果说明代关中以正祀神庙戏场为主体，建设基地以政治、经济、文化中心地的各县级行政治所为主，那么清代关中神庙戏场则明显地深入到传统社会最基层的村落乡镇。并随着民间杂神崇祀的泛滥，'修淫祠，演戏剧'成为清代关中乡

白水县仓颉庙双戏楼（一）
张影舒/摄

白水县仓颉庙双戏楼（二）
张影舒/摄

丹凤县花庙戏台[1]

---

[1] 《中国戏剧志·陕西卷》编辑委员会编：《中国戏剧志·陕西卷》，中国 ISBN 中心，1995 年版，彩页。

村庙宇祭祀不可或缺的重要组成部分"①。

实际上，这样的社会文化变迁在陕南、陕北地区也或隐或现地呈现了出来，以至于不少"有名教自可为乐"的地方士绅对此事颇有微词，并因此作出矫正民风、引导社会习气的评述，如"各乡士民，年年常有无益之置，如宾会迎神唱戏之事，所费不少，若将此费省买为社本，年年借还，日渐加多，永为地方公物，缓急有济，化无用而为有用，为羡举积多者"②，"民人对于公益救济事宜，恒吝惜不解。独于修葺庙宇，迎佛赛会，反踊跃争先，抑亦风教之急，宜矫正者也"③，"乡俗好祀神，社会演戏，年不下数次。虽春祈秋报，农家故事，然男女杂沓，焚香拜祷，赌博争斗，动兴狱讼，转移之术，正有赖于主持风教者"④。但这样的评述词句正说明，自清代以来至今，民间庙会中的祭祀活动、戏剧演出等，一直都是陕西全省各地重要的地方社会文化活动。

可以说，无论是社火还是戏剧的参与者与观看者，都身处在庙会活动的这一社会文化场域和知识话语体系当中。在具体的场景中，在同一个时间点，跨越了不同的社会身份与生活场景，他们都是地方文化事物的共享者，更重要的是，这种共享实践并非仅仅是一种被动的、接受的外在过程，而是主动的、带有生命体验与地方认同的内生性文化传统共同建构过程。

社火、戏剧这些集视觉、听觉表达于一体的大型娱乐形式，通过不同的空间场景、内容安排、规则讲究、时间节点等，将地方传统中重要的敬神内核这一群体性社会文化认同，与普通个体日常生活的娱乐身心需求交叠凝聚起来，并通过具体操作与实践过程嵌入在具体的地方社会结构与群

---

① 王萍：《明清关中神庙配祀戏场及其民俗演剧考略》，参见《戏剧研究》，2015年第2期。
② 〔清〕《镇安县志》，卷十，《艺文》，清乾隆十八年钞本。
③ 〔民国〕《横山县志》，卷三，《风俗志》，民国十八年石印本。
④ 〔民国〕《宝鸡县志》，卷十二，民国十一年铅印本。

原创文明中的陕西民间世界

庙会

周至县观看社火的民众　张凯/摄

宝鸡市观看戏剧的民众　高岸/摄

体伦理当中，回应了地方社会农事行为中节奏起伏的文化时间，从而构成了农耕四季中充满具象性又极富生命力的社会文化图景。

三、日常生活：商贸交往

人类学家施坚雅的"区域市场观"认为，"农民的实际社会区域的边界不是由他所住村庄狭窄的范围决定，而是由他的基层市场区域的边界决定"①。贺雪峰在其关于中国乡土社会的研究中，将村庄共同体划出三种边界构成："一是自然边界，二是社会边界，三是文化边界。"②李培林进一步认为，"一个完整的村落共同体，其实是具有五种可识别的边界：社会边界、文化边界、行政边界、自然边界和经济边界"。③

诚然，这样的边界是一种功能性的划分，在具体的地方社会中，边界互相之间是同心圆式的重叠关系。但仍可以说，不同内涵的空间范围以及基于地缘、血缘关系而形成的社会文化认同是地方社会地域形成的重要因素，而以村社为基本单位所组织的庙会活动，对既有的各类层次共同体边界观念都具有巩固和加强的作用。如果说庙会活动中敬神仪式与娱乐活动在潜移默化中构建与发展了地方社会共同体中的文化边界，那么庙会活动中的日常社会交往和商贸活动，则可以视作是对其社会边界与经济边界构成起到了重要促进作用的实践过程。

1. 商贸活动

在举行敬神娱乐活动的同时，庙会中的商贸活动也是相随而生的。《周

---

① [美]施坚雅著，史建云、徐秀丽译：《中国农村的市场和社会结构》，中国社会科学出版社，1998年版。
② 贺雪峰：《新乡土中国》，广西师范大学出版社，2003年版，第30页。
③ 李培林：《村落的终结——羊城村的故事》，商务印书馆，2003年版，第39页。

礼·考工记》中云"左祖右社,前朝后市",祖即宗庙,社即社稷,市就是交易的场所,在周代,交易场所与宗庙、社稷已有了关联。到明清时期,商品流通与交易已经成为庙会活动的重要组成部分,并非仅仅依附于宗教礼仪和祭祀活动。

这一规律在明清陕西各县地方志中都屡有体现,此处不再更多举例。而这种对庙会中商贸功能的重视,上文已有提及,到清代,"庙会"中"庙"的概念开始虚化,与"市""集""会"等并列,所谓"交易于市者,南方谓之趁虚,北方谓之赶集,又谓之赶会,京师则谓之赶庙"①。"庙会"也就因此有了"庙市"的别称②,随着庙会活动敬神精神内核的重要性进一步弱化,其在地方社会中的商贸活动得以突显,从而成为与祭祀敬神并列的两大重要社会功能之一。

有学者研究,陕西地方社会庙会中的市场作为定期举行的经济活动,与普通集市的最大区别,即为集市以周、旬、月为循环单位,而庙会大都以年为周期举行。间隔时间长,参与人员、销售物品的范围较大。③到清代中后期,陕西各地举办庙会次数较之前明显增多,不仅城镇中有,而且乡村赛会更是多于城镇,且规模不断增大,全省各县多者一年办百余次庙会,少者也有十余次,正所谓"各乡村镇有会,岁以为常……乡区沿为岁例,无处无会。"④"陕右赛会,每籍祀神开设,而其实在行销土货,所以通省皆有集场,两山尤有定所,有定期。"⑤"外商云集,其交易每视大集为盛"。⑥

---

① 〔清〕柴桑:《燕京杂记》,参见《小方壶斋舆地丛钞》,第六秩,上海普易堂印本。
② 全汉昇:《中国庙市之史的考察》,参见《食货半月刊》,1934年第1卷,第2期。
③ 参见张萍:《区域历史商业地理学的理论与实践——明清陕西的个案研究》,三秦出版社,2014年版,第292-294页。
④ 〔民国〕《续修陕西通志稿》,卷一百九十八,《风俗四》,民国二十三年线装本。
⑤ 〔民国〕《续修陕西通志稿》,卷一百九十八,《风俗四》,民国二十三年线装本。
⑥ 〔民国〕《盩厔县志》,卷二,《建置志》,民国二十四年刊本。

鄠邑区二月二庙会食摊　陈团结/摄

陇县庙会上爆米花的人　　陈团结/摄

安塞县庙会上的耍猴人　　陈团结/摄

岐山县庙会集市　张影舒/摄

武功县庙会集市　张影舒/摄

凤翔区庙会上的小摊　岳宝群/摄

清涧县庙会上衣物售卖场面　石宝琇/摄

庙会中的商贸活动，大抵离不开地方社会中的日常生活需要和风俗起居，因此，商贸交易有以下几种特点：

第一，最重要的交易内容与地方社会民众日常从事的生产活动密切相关。就以往而言，大多为农事行为所需的生产资料，即农具和牲畜。"（汉中府沔县）清明日有武侯墓一会，乡人云集，是一农器场"①，商县（即今商洛市商州区）"杨泗将军会，人民拈香买物，往来甚重，会中多卖农器布匹"②，"锣鼓喧哗，旌旗璀璨，所列货物，多半农具……率藉祀神或飨，仅以集民商便交易焉……商贾云集，买卖牛马及雨笠锹帚等物……虽皆以祀神为宗旨，而民间藉此置买牲畜器具，故行之永久，不能废焉……百货云集，于地方甚有利益……稼事告成，报赛田祖，是时，或市牛马资耕耨，或购衣褐谋卒岁，或抱布贸丝以有易无，为储蓄计，正有如汉书所云，岁时合乐，行乡饮酒礼之类"③。

另外还有售卖庙会中不可缺少的蜡烛、布帛、金纸、糕点、各色纸张、吉祥物（如红绸带、祈福条等）、干果、鲜果、糖果、香料、油等祭祀物品。"说到庙会本身，其实就是耗材旷时的举动。除了有些临时市场添设起来，一些大小商店趁此作些生意外，再有的事情，就是烧香。所有游山赶会的人，多多少少总要花上几个钱。"④

第二，相较于敬神、社火、戏剧活动，庙会中从事商贸活动的人员来源范围更加广泛，一般都具有跨区域的特点，对刺激和补益地方商业市场与经济发展产生周期性的重要促进作用。如耀县药王山庙会"商贾云集，杂货畅销……贸易极盛"；高陵冬至之会"商贩云集，如货市，牛马估衣木器

---

① 〔民国〕《续修陕西通志稿》，卷一百九十八，《风俗四·赛会》。
② 〔民国〕《续修陕西通志稿》，卷一百九十八，《岁时》，民国二十三年线装本。
③ 〔民国〕《续修陕西通志稿》，卷一百九十八，《风俗四》，民国二十三年线装本。
④ 李辉英：《北山与庙会》，参见汪冰：《时风世象》，天津人民出版社，1998年版，第54页。

周至县庙会上售卖的祈福红布条及各类祭祀用品　高岸/摄

各器皆居多数,棚帐互支,经月始散";镇安城隍庙会"阖邑奔走,外境商贩亦纷至沓来,扰扰经旬";合阳八月会尤盛,"人民辐,商贾云集";兴平"逢会之日,商旅偕来,杂货交易,延展时日,演戏招徕";凤翔"城陆冬会,狭旬斗聚山积,珍货谷量,牛马则又以招致市场";商县"杨泗将军会,人民拈香买物,往来甚众,会中多卖农器布匹"[①]。

---

① 〔民国〕《续修陕西通志稿》,卷一百八十九,民国二十三年线装本。

摊贩 〔明〕仇英,《清明上河图》(局部) 辽宁省博物馆藏

与此同时，庙会活动中商贸跨区域的程度与庙会活动对周边的影响范围和规模密切相关。如西岳庙会"本省京货、估衣及外省州县药材各行皆至，搭盖席棚，售卖货物"，①清末潼关县每年出产药材一千斤，运销西岳庙会达七百斤。②同州府澄城县，全县所需药材"每年春季由华阴庙会购入"等。③

第三，庙会因社会文化属性而植根于地方社会当中，其商贸活动过程中所产生的经济收益也因此增加了地方社会的周期性收入，也能促进具体庙会活动、组织中的资源再分配。如"仓圣庙东乡西固镇冯雷镇等处，每岁十、三两月，各演戏赛会三日，牲畜农器咸聚，买畜者均以一分为税，曰香火税。"④"（三月）十五日，为邑人登华之期。自云台观上至松桧峰，往来交错于峻岭邃谷之间。是月，岳庙会期起于望，讫晦而止。商贾云集，兼之四方香客，结社而至，喧阗之声，彻数十里外。朝礼西岳，布施香，住持黄冠亦藉是获终岁之计。"⑤"陕西省岐山县益店镇，是秦川牛、关中驴的产地之一，每年腊月农闲时节，初八前后5—7天时间，人们利用太白庙的地理位置，进行以骡马为主的交易，牲畜上市，牛欢马嘶；买卖双方，怀揣袖摸，哈腰点头，暗语成交……还有露天小货摊，各种小吃、家具、山货、民间工艺品，香烛黄裱……县令乡绅，亦在此设立机构，管理庙会，征收税款"⑥。

---

① 〔民国〕《续修陕西通志稿》，卷一百九十八，《风俗四·赛会》，民国二十三年线装本。
② 〔清〕《潼关县乡土志》，《商务》，光绪三十四年线装本。
③ 〔民国〕《澄城县附志》，卷四，《实业志·商务》，民国十五年铅印本。
④ 〔民国〕《续修陕西通志稿》，卷一百九十八，《风俗四》，民国二十三年线装本。
⑤ 〔清〕《华阴县志》，卷二，《风俗》，民国十七年铅印本。
⑥ 崔智玺：《太白庙与腊八会》，参见张双林编著：《中国庙会大观》，工商出版社，1995年版，第308页。

凤翔区庙会上的牲畜交易（一） 岳宝群/摄

凤翔区庙会上的牲畜交易（二） 岳宝群/摄

第四，不同地区的庙会商贸活动，也与各自的社会生产结构与商业发展状况密切相关。如有学者研究认为，"单一的牲畜庙会则主要集中在陕北地区，大致与这里的农业生产结构有关"①。相较关中和陕北地区，陕南地区庙会的商贸功能和市场影响力都较弱，是"由于水路交通方便，沿江城镇商业化倾向性明显，货物的聚散能力较强，因而大大降低了庙会市场的商业功能。清代陕南地区的民众对市集的依赖程度远远大于庙会，庙会市场的售货功能被削弱，这是陕南庙会市场弱于关中的一个重要原因"②。

2. 社会交往

"社交、地位、安全是在群体生活中的个体三大社会性需要，其重要性远大于人之生物性需要。"③在汉语语境中，地方社会交往中的"社会"二字就融合群体认同的人际交往与伦理价值于其中。对于民众而言，庙会不仅如同庙宇、戏场、集市，而且将三者的社会功能融为一体，成为社会交际的日常空间与特定场所。

平日里忙于生产劳动为生计奔波的民众，也通过庙会这一地域性的综合性社会文化平台，在组织、参与、观看、购买等各种实践活动中，十里八村甚至更大地域范围内的群体汇聚在同一个具体的时空下，不熟识的、难得见面的个体都可以在这里相遇。这场面正像臧克家《社戏》文章所写的那样："从外祖母起一直到自己的女儿，女儿的小姑，几乎不走动的亲戚，因此也走动起来。"④

---

① 张萍：《地域环境与市场空间——明清陕西区域市场的历史地理学研究》，商务印书馆，2006年版，第219页。
② 张萍：《区域历史商业地理学的理论与实践——明清陕西的个案研究》，三秦出版社，2014年版，第293页。
③ [美]许烺光著，薛刚译：《宗族·种姓·俱乐部》，华夏出版社，1990年版，第147页。
④ 臧克家：《社戏》，参见《申报》，1931年4月17日。

凤翔区庙会中聚会的民众　　岳宝群/摄

一方面，就庙会祭祀活动的地域认同而言，民众社会交往是建立在共同敬神祭祀的文化边界之内，不仅仅是"共同供奉的神明与祭祀活动推动了村落之间的交往，使原本存在的社会联系不断加深"[①]，强化血缘、地缘的社会交往，并且在村落之外更大范围内建立起个体社会交往的联系和沟通，提供跨越血缘和地缘"十里八村"日常交往空间的多重可能性。

而这种跨越日常交往空间的可能性，对于不少地方传统士绅而言，是一种对强调群体伦常既有社会的反结构式存在，因此他们对庙会活动有所微词：

[①] 韩茂莉：《十里八村——近代山西乡村社会地理研究》，生活·读书·新知三联书店，2017年版，第210页。

每逢城关内外，各庙宇赛会演戏，老幼妇女三五相结饮酒看剧，聚集终日，或于神圣诞日焚香祈福，男女混杂，甚至游棍从旁讥谑，岂非自取其辱？……凡以严内外之防而正男女之分，嫂叔尚不通问，授受尚且不亲，何况茶棚酒棹稠人广众之地。男女不分，殊觉有关体面，此皆乡愚无识父兄男子不加约束所致，殊堪痛恨。……嗣后每逢会期卽先抄本道告示张贴，凡尔乡地居民人等，务须遵奉示谕，夫教其妻，父教其女，兄弟教其姊妹，共守闺训，毋再游会烧香，如有不尊者，一经本道查出，定将该妇女本夫究处，如无本夫者即惟族亲属父兄子弟伯叔人等是问[①]。

华州区庙会上老姐妹的相遇　　马国强/摄

---

① 余正焕：《禁止妇女游会烧香示》，参见〔民国〕《汉南续修郡志》卷二十七，《艺文》，民国十三年刻本。

对如今的地方社会结构而言，庙会活动中所承载的个体社会交往与人口流动，已不再有如此的伦理压力和反结构意义，因此其活动空间内跨越血缘与地缘的交往范围也愈加广泛。

另一方面，因为庙会活动的精神内核指向一种地方社会中的文化边界与社会边界的连接性，使得地方社会共同体意识的构建中，仍然保有一种内向性的深层社会交往构建模式，就是说，将文化作为连接个体与社会之间的核心与纽带。正如陶云逵先生所言，文化、社会和个体三者构成了一个类似回路的关系：文化核心的道德伦理和价值判断都是由个体承载的，而约束、教育和确认个体道德资格的是社会，这是围绕文化核心的地带，也是不断给文化带来新鲜血液的内外交流的中间地带。[1]

---

[1] 陶云逵：《文化的本质》，参见《自由论坛》，1943年第1卷，5-6期，第25页。

赶庙会的人（一）横山区牛王会　陈团结/摄

赶庙会的人（二）横山区牛王会　陈团结/摄

吃糖葫芦的孩子，横山区牛王会　陈团结/摄

开心的观众,鄠邑区二月二庙会　陈团结/摄

卖货人,蒲城县尧山圣母庙会　陈团结/摄

拥挤的人群,横山区牛王会　陈团结/摄

第四章
人神之间：庙会的继承发展

左祖右社，前朝后市。

——《周礼·考工记》

庖牺氏设，神农氏作，列廛于国。日中为市，致天下之民，聚天下之货，交易而退，各得其所。

——《周易·系辞》

老幼扶携收麦社，乌鸢翔舞赛神村。

——苏轼·《浣溪沙·徐门石潭谢雨道上作五首》

武功县武功镇河滩会　陈团结/摄

如上文所述，陕西地方社会中的庙会活动，是植根于农耕文明的综合性社会文化活动，其敬拜内涵、仪式过程、时空节奏、内容意义等都与农事行为、农时特征息息相关。或者可以说，陕西庙会活动起源发展的过程，是伴随着地方社会中农耕文明的节奏而发生发展的。因此，当地方社会中农耕文明、农业文化发生变迁与转型的时候，庙会活动的内涵与外延也会随之发生相应的变迁与转型。

应该说，陕西地方社会中农耕文明、农业文化的变迁与转型，也是与近代以来中国现代化进程中焦虑与急切的社会变革背景和社会精英话语生产密不可分的：

一方面，从外部视角来看，在西方工业社会与科学发展等的刺激与对照中，中国从长期以来社会文化中心的地位跌落下来，始终保持一种对自身社会形态、文化传统前所未有的怀疑与颠覆性反思，并由此出现了一系列对立式的社会运动与话语建构，试图对植根于农耕文明传统的社会事象加以瓦解和改造。

另一方面，从内部视角来看，百年以来的中国社会发展，或者说承袭明清以来经济文化较发达地区的市民经济、都市发展历时性过程，亦有着逐渐从乡村走向城市的轨迹，而这种潜在的社会发展逻辑，也从物质层面、制度层面逐渐产生了与农耕文明传统相对迥异的发展观，"这就创造了过去历史上中国农村从来未有过的新问题，传统本身的延续缺乏了内在及外在的机制与合理性"[①]。

但是，当谈到社会转型，首先要看到存在三个层面的社会转型，即社会结构、社会运行机制、价值观念体系的社会转型。[②]就是说，可以视其为

[①] 贺雪峰：《人际关系理性化中的资源因素——对现代化进程中乡土社会传统的一项评述》，参见《广东社会科学》，2001年第4期。

[②] 郑杭生、郭星华：《中国社会的转型与转型中的中国社会》，参见《浙江学刊》，1992年第4期。

武功县庙会集市上的多元特征　石宝琇/摄

物质层面、制度层面、社会心理与价值观念的转型,而三个层面的转型在社会发展节奏上是不同的,一般而言,社会心理与价值观念的转型与社会文化密切相关,是较为缓慢且相对滞后的。这种社会文化变迁的滞后性,[①]呈现出在一种社会结构与运行机制的转型中,带有历史记忆与文化认同的地方性知识在与原社会结构脱嵌的过程中,仍然存在嵌入转型期社会结构,并继承与发展的可能性空间,从而实现不同以往任何时期传统的新一轮历史延展性与社会生命力。

对于庙会活动本身而言,其自身内部的发展过程也需要面对与适应社会转型与文化变迁的张力结构:

---

① [美]乌格朋著,费孝通、王同惠译:《社会变迁:关于文化和先天的本质》,上海社会科学院出版社,2016年版,第115-150页。

就是说，一方面庙会活动要面对都市与乡村二元发展模式的变革，娱乐、商贸、交通方式等日常生活的变迁会对庙会的社会功能产生一系列的影响，民国时期，就有类似的描述："近年以来，庙会远不如昔日之盛，盖民智日开，迷信风衰，且交通日便，都市勃兴，娱乐、交易多不专恃乎庙会也。"①或者说，地方社会中的庙会活动不再处于相对同质化的农耕社会样态当中，其在娱乐、商贸、社交等领域不再是唯一性的最佳选择，而由于交通方式的改变、文化中心的转移等而仅仅成为城乡二元社会发展样态中的社会文化活动事象之一。

而另一方面，对于乡村共同体而言，那种庙会活动中所承载的基层社会结构、交往模式与文化内核，即有学者指出"社会秩序形成方式是以庙会网络为中心的整合"②，"通过庙会活动等，生成了非正式组织、民间精英、公共舆论作用机制、集体行动的运作逻辑，形成了稳定有序的村庄社会关系网络及社会结构，这些都成为村庄达到善治局面的基础性条件。……庙会成为村庄交流互动的中心……在生产实践与社会交往中形成集体意识与共同观念，从而成为乡村共同体的文化内核"③。在现代化发展与城镇一体化建设背景下，也出现了乡村社会结构、生产生活方式、婚姻制度与家庭结构、居住空间与交往模式等层面的多重变化。

因此，在百余年来社会转型与文化变迁的背景下，在新时期社会发展的体系建构中，在民族传统复兴与非物质文化遗产保护的时代话语里，如何重新认识地方社会中庙会活动，并且在梳理与总结的基础上，通过其精神内核与外在呈现将历史演进与传统积淀中所承载的庙会社会功能与文化基因统一协调起来，进行地方文化的活态化保护与传承是一项重要议题。与

---

① 《新河县志》，参见《民俗资料》，《华北卷》，1929年铅印本，第516页。
② 赵晓峰、张红：《庙与庙会：作为关中农村区域社会秩序整合的中心》，参见《民俗研究》，2012年第6期，第138页。
③ 赵晓峰、赵祥云等著：《变亦有道：21世纪早期关中小农经济与社会变迁研究》，陕西人民出版社，2017年版，第148-150页。

此同时，只有将民众的主体性表达与社会文化需求进一步融汇于新时期庙会活动当中，才能够使社会传统与文化复兴在新时期产生发挥作用的机制与可能性，并进一步促进民众文化实践主体性地位以及地方社会文化的现代化进程。

一、地方人文的认同与重构

以铜川耀州区药王山庙会为例，整理归纳近十年来药王山庙会的主题与活动内容大体如下①：

年度	庙会主题	活动内容
2012年	弘扬药王文化，普及中医养生，传承庙会遗产，推动旅游发展	群艺表演、秦腔、豫剧、现代歌舞和非遗绝活表演；施汤大会；铜川特色为主的名优小吃；特色旅游商品博览会；首届药王山民俗网络摄影大赛
2013年	传承庙会遗产，展示养生方法，彰显石刻艺术，推动旅游发展	（1）癸巳年药王山庙会启动暨民祭药王仪式 （2）各类活动 非物质文化遗产展演；中药材、药品、保健品展销；老中医坐堂义诊；名人书画笔会；秦腔大戏表演；药王养生功法表演；全国名优小吃、商品博览会；大殿供灯；植树立碑；养生酒、药王茶、炭雕等旅游纪念品，药王养生宴；汉斯啤酒广场，经营摊位
2014年	传承庙会遗产，弘扬养生文化，彰显石刻艺术，推动旅游发展	（1）甲午年药王山庙会启动暨民祭药王仪式 （2）药王山景区内系列活动 施汤大会；秦腔展演大会；非遗展示；请高香、拜药王、祈福安；名中医义诊；拜先师、读经典、求功名；元代壁画探秘游；龙盆净手、摸佛消灾、祈福求平安；龙池洗手、祈灵水、求健康；挂锁、换锁求平安；龙宫试运祈福 （3）景区外系列活动 民俗社火巡游展演；中药材展销、全国名优特色小商品展销大会；文娱、杂技、游乐设施展演大会；地方传统小吃、全国名优特色小吃展销大会；喝养生茶、品养生酒、吃养生餐；旅游商品展销

---

① 整理自2012年至2019年铜川市人民政府网站新闻信息。

续表

年度	庙会主题	活动内容
2015年	逛二月二 民俗庙会 拜药王祈福安康	(1)乙未年庙会启动暨民祭药王仪式 (2)祈福求平安类 请高香、拜药王;龙盆净手、摸佛消灾;龙池洗手、祈灵水、求健康;挂锁、换锁;龙宫试运祈福 (3)体验展示类 施汤;名医义诊、结核病防治日;拜先师、读经典、求功名;元代壁画探秘游;药王山风光摄影展;非遗展示和书法笔会;卫生保健知识宣传 (4)游乐表演类 戏曲文艺展演;民俗社火秧歌;杂技、游乐设施 (5)商品展销类 文化旅游商品展销;劳动就业创业服务成果展;全国名优特色小商品及陕西省农副产品展销;铜川一村一品特色产品暨中药材展销 (6)休闲美食类 地方传统小吃、全国名优特色小吃展销;喝养生茶、品养生酒、吃养生餐暨啤酒广场
2016年	传承庙会遗产, 弘扬药王文化, 打响药王品牌, 助力健康铜川	(1)丙申年药王山庙会启动暨民祭药王仪式 (2)药王山景区内系列活动 施汤大会;庙会剧场;庙会非遗展示;拜药王、祈福健康平安;魁星点斗、读经典、求功名;元代壁画探秘游;礼佛消灾、摩崖祈福求平安;祈灵水、求健康;挂锁、换锁求平安;敬财神、龙宫试运祈福;中药材科普展;夜游药王山
2017年	传承庙会遗产, 弘扬药王文化, 唱响全域旅游, 引导健康生活	(1)丁酉年药王山庙会启动暨民祭药王仪式 (2)药王孙思邈诞辰1477周年纪念座谈会 (3)"求养生之方,寻养生之道"系列活动 "养生手册"发放;名医健康义诊;养生系列产品展示及售卖;施汤大会;太极、武术、健身操 (4)"健康祈福"系列活动 拜药王、祈福健康平安;魁星点斗、读经典、求功名;拜佛消灾、摩崖祈福求平安;祈灵水、求健康;挂锁、换锁求平安;敬财神、龙宫试运祈福 (5)文化遗产展示体验系列活动 戏曲文艺展演;非遗展示;元代壁画探秘游;中药材科普展;民俗社火巡游

续表

年度	庙会主题	活动内容
2017年	传承庙会遗产，弘扬药王文化，唱响全域旅游，引导健康生活	(6)庙会体验游系列活动 扫描二维码网上逛庙会；文娱、杂技、游乐；地方传统小吃、全国名优特色小吃；奇石花卉展销；药王山景区智慧购票体验 (7)"惠民"系列活动 中药材展销、"一村一品"特色产品、全国名优特色商品展销；电商服务及劳动就业创业服务成果展；名车名企会展；文化旅游商品展销；药王山庙会"惠民礼包"派送
2018年	弘扬药王文化，体验健康旅游，铭记药王初心，倡导养生文化	戊戌年民祭药王孙思邈仪式、民俗民艺、非遗展示、健康祈福、养生体验、美食品味、科技体验 (1)非遗展示 吹糖人、面塑、泥塑、剪纸、根雕、书法民俗艺术 (2)中医名家义诊 中医名家免费义诊，贫困病人、疑难杂症患者可优先诊治；举办养生文化体验活动，针灸推拿、中药熏蒸、整脊推拿、拔火罐等各种疗法。 (3)萌兽互动——奇珍异兽乐园 (4)穿越盛唐 商户均着古装、播放古典音乐 (5)秦风秦韵 秦腔表演艺术家等在景区戏楼演绎秦腔名段 (6)DIY体验 陶艺制作、剪纸互动、泥塑 (7)VR科技新体验 锦绣中华VR展区，用镜头将现代建筑、古典雕塑、树木景观、人文器物收纳其间 (8)美食+游艺 特色美食与游艺玩乐，远航马戏团
2019年	弘扬药王文化，体验健康旅游祈福、感悟、体验、品鉴非遗+现代，养生+体验，传统+时尚	己亥年药王山庙会启动暨民祭药王仪式，祈福活动，秦腔表演、民俗社火、现代歌舞展演，养生美食汇展，养生文化体验，药王山风光展，非遗展示，名医义诊，元代壁画探秘，绝技展演，文化旅游商品、中药材展销等活动 (1)非遗绝技亮相庙会 (2)养生体验贯穿庙会 中医药养生文化宣讲团；公益性中医药养生文化大课堂，免费开放养生舱，提供药王酒、花茶试饮等养生体验类

续表

年度	庙会主题	活动内容
2019年	弘扬药王文化，体验健康旅游祈福、感悟、体验、品鉴非遗+现代，养生+体验，传统+时尚	（3）文化互动助力庙会 公益惠民演出、剪纸、糖画、烙画、拓片体验、陶瓷拉胚等文化体验；中药材科普展、旅游产品展、药膳养生产品展、"一村一品"特色产品展 （4）公益义诊惠民庙会 名医义诊区，把脉问诊；提供健康咨询、测血压、测血糖、派发疾病预防宣传手册等医疗便民服务 （5）美食游艺"佩齐"庙会 国内外美食、传统小吃以及铜川本地特色小吃；儿童梦工场区域，卡丁车、旋转木马、漫画 （6）"两微"平台服务庙会 "网上逛庙会"系列活动，通过微信与微博"两微"打造庙会线上微平台，"铜川文旅""铜川旅游""药王山"等微信众号获取庙会动态资讯。新增快速购票通道，扫扫二维码，便可轻松购票

2018年铜川市耀州区药王山庙会海报

铜川市耀州区药王山庙会中等待祭祀和表演的各支队伍　赵利军/摄

由于新冠疫情与公共卫生安全的原因，2020年与2021年的药王山庙会未能如期举办，因此表格中2012年至2019年的药王山庙会即为最近几年的活动内容。可以从中看出以下几点特征：

1. 庙会精神内核与仪式过程的传承

庙会的主题仍然围绕药王孙思邈故里及其药王山庙会活动的历史积淀与文化层累，按照古会"二月二"的时间安排，均以"弘扬药王文化""传承庙会遗产""铭记药王初心"作为活动的中心内核，并延续唐代以来各朝代举行庙会的祭祀仪式、敬神敬拜活动（施汤大会；请高香、拜药王；龙盆净手、摸佛消灾；龙池洗手、祈灵水、求健康；挂锁、换锁；龙宫试运祈福；魁星点斗、读经典、求功名；敬财神、龙宫试运祈福等）。

庙会活动组织者植根药王山庙会中药王信仰及其医疗治病养生等文化特征与实践内涵，结合当下健康养生的社会风尚与生活理念，联合医疗机构与公共卫生机构，举行中医文化研讨会、健康义诊、中医药、养生产品展销，太极、武术、健身操展示等活动，丰富了药王信仰与药王山庙会的社会文化内涵。

2. 庙会组织与娱乐内容的转化

药王山庙会由铜川市人民政府主导，市文化和旅游局、药王山管理局、市文化旅游投资控股有限公司主办，市药王山旅游开发有限公司承办，已经从民众祭祀、地方官员自主参与的庙会活动转变为地方政府组织、旅游部门实施、各部门协调的年度地方大型综合庆典型旅游文化活动，药王故里的祭祀活动成为其旅游展演活动的组成部分。

庙会活动中的娱乐活动已从单纯的民间组织的社火、戏剧巡游演出，扩展成为包括文化游览、马戏杂耍、现代歌舞、儿童萌宠乐园、VR体验、奇珍异兽乐园等内容的大型文化活动。应该说，药王山庙会活动已经由单向度的娱乐内容转而成为面对不同民众群体的多元化文化体验活动，这一特

安塞区庙会上的飞车表演　陈团结/摄

武功县庙会上的游乐场　石宝琇/摄

征与地方社会的文化生态息息相关。

3. 庙会空间与日常生活的扩展

通过科技媒介与手段，扩展药王山庙会的文化空间，从实体空间到虚拟空间，以药王信仰与文化为承载，在网络平台中让更多的民众参与进药王山庙会的活动中，跨越地域，通过更加广博的传播范围和更多元的参与人员，实现新时代地方文化的认同与整合。

庙会活动中的商贸活动，因为当下丰富的日常生活物资与便捷的购物渠道，其商品售卖的范围也随之发生变化，从日常百货转而成为特色产品销售，如全国名优特色商品展销、名车名企会展、文化旅游商品展销等，并扩展成为政策性特色产品的售卖、赠送平台，如"一村一品"特色产品、电商服务及劳动就业创业服务成果，药王山庙会"惠民礼包"派送等。

从上述表格和总结中可以看出，因为药王山庙会的活动空间一直是以药王山及其相关宫观建筑为主体，而随着药王山管理所 1977 年成立，药王山的角色从敬拜药王孙思邈的文化空间转变成为具有地方历史特征与意蕴的文化旅游景区，并划归政府旅游部门管理，其庙会活动也从单纯的地缘性敬神祭祀与集市活动，逐渐成为与地方旅游经济挂钩的文化综合庆典。

诚然，庙会作为具有历史文化积淀的传统为地方经济发展提供了重要的活动载体与精神资源，地方政府利用此类传统拉动旅游业成为传承文化的主要方式。根据铜川市政府网站的统计数据，药王山庙会对当地旅游业综合收入有明显的拉动作用。但应该指出的是，庙会绝非简单意义上的乡风俚俗、传统文化或非遗展示，更非仅仅满足物质需求和感官世界的吃喝玩乐的集市型旅游活动，其承载的是整个地方社会的制度性结构及其社会中民众参与的主体性过程。庙会活动的传承价值并不单单在于它是地方旅游业振兴的文化资本与社会表象，更是活动仪式中蕴含的深厚的地方社会文化、集体记忆与精神内核。

固然，庙会活动内涵的发展变化是与地方社会与文化的演进密切相关的，其呈现出的表面特征与展演过程，体现出当下地方社会文化发展的经济中心与政策导向，亦体现出地方社会神祇敬拜活动的世俗化与形式化特征，是地方社会文化发展与民众心态变化的一个缩影。与此同时，庙会活动的世俗化特征，或者说其与社会现实和日常生活对话的过程，也是其发展演进中的一个最为突出的内在规律与历时趋势。

这两种外部与内部的发展特征，都构成了当下地方社会中庙会活动的对话空间与文化生态。在地方文化认同与整合过程中，传承庙会活动的过程，更需要将这种活态的文化通过传统知识再生产与民众主体实践两者结合起来，不仅注重庙会期间地方旅游财政的收入，带给民众休闲娱乐的活动形式，更应将重点放在庙会活动背后给予地方文化与集体认同的社会意义与长远影响，将仪式、娱乐、商贸等三者置于地方社会秩序与文化模式的意义网络之中。

一般而言，信仰与仪式通常被作为人类学宗教研究领域中两个重要的范畴，前者是对自然、社会与个体存在的信念假设，后者则是表达并实践这些信念的行动。而这种仪式行动本身，不仅包含着个体诉求的表达、地方社会共同体的维护，也是地方文化共享共生的重要载体和呈现过程。因此，地方社会中庙会活动，仍需要以神祇信仰与祭祀仪式作为其传承发展中重要的精神内核，并通过与社会文化的各种对话形式与整合过程，如药王山庙会中举行针对疾病心理、医疗诊治、养生理念的各项活动，激活古老与现代的文化交界处与再生点，呈现庙会活动中历史与当下、神圣与世俗、官方与民间、农耕文明与信息时代的多重交融性与多元开放性。

二、深度游览的认知与体验

1. 跨越地域的寻根问祖文化圈：城固地母庙会

地母，大地之母，被视为"万物之母，大地母亲"，因农耕文明对土地的敬拜所信仰的大地女神。千百年来，民众为了达到丰衣足食、安居乐业之目的，建庙塑像祭祀地母，以求赐福禳灾，吉祥康泰。有学者指出，地母即为后土神，后土神在民间被称作"地母娘娘""后土老母"等。①敬奉祈祀地母神已成为不少地方社会民众的重要信仰。城固地母庙位于城南南沙河风景区，始建于东汉献帝二年（191），历朝民众虔诚拜谒，香火鼎盛至今。

"地母"称呼的流行，可能与《三教流源搜神大全》中称后土皇地祇为"土母"及"天公地母"之称有关。后土神，在台湾地区普遍被称为"地母"而不被称为后土，通常的称呼有"地母至尊""虚空地母"等。但更直接的关系，则可能是和台湾民间卜吉择日所用的《玉匣记》以及《地母经》的流行有关。《玉匣记》中的《地母歌》是依六十甲子，以歌谣方式预示该年田地丰歉及吉凶情形的记载。除《玉匣记》外，《地母经》是流行较广的经书，《地母真经》《地母妙经》二者合称为《无上虚空地母玄化养生保命真经》，简称《地母经》，经文以教人尽孝，及感谢地母造物养物之恩为主。有学者指出："同为后土信仰，《地母经》主要在中国南方地区广泛流传。侯冲教授曾经以所见十余种《地母经》印本进行研究，指出最早的《地母经》刊本是清同治年间陕西城固县刊本，但诸本内容不一。"②清代后期地母信仰由广东罗浮山传入台湾地区，由此蜚声海内外，台湾地区流传的《地母经》，即为1981年酉年刊印罗浮山朝元洞藏板，经前有文字云："光绪九年正月初九日，陕西汉中府城固县地母庙飞鸾传经。"此经即是清光绪年间陕西地母庙扶鸾降真之作。

台湾地母神的尊称为"虚空地母无量慈尊"，此称即出于《地母经》。在台湾地区，地母的信仰虽不若关帝与妈祖的兴盛，也非常受当地人重视。以地母为主神，专祀地母者，有新北芦州护天宫地母庙、新北新店碧潭旁草

---

①② 李志鸿：《后土信仰与中国民间信仰》，参见《世界宗教文化》，2018年第3期。

城固县回龙寺地母殿　张影舒/摄

茅地母庙、埔里地母庙、古坑地母庙等，其中埔里地母庙和古坑地母庙，是重要的旅游景点。这几处都是以地母为主神，其他各宫庙虽非以地母为主神，也常把地母摆在陪祀诸神中，这种宫庙则到处可见。近年，台湾宗教人士和旅游团体，纷纷到城固地母庙会旅游观光、寻根问祖，拜谒地母。

因此，可以看到，城固地母庙会中地母神祇信仰因为《地母经》等经文的传播与扩展，成为一种跨越地域性的共同信仰内容，并成为连接海峡两岸的民间信仰文化纽带。而这种连接，不同于其他地区的地母庙，并非仅仅在于其共同的信仰对象与念诵经文，更有信仰精神内核与历时发展的紧密内在关联。

这种关联，一方面使得台湾地区地母信仰者能够在深度游览的参访与体悟中，通过亲历现场及相关的仪式实践获得精神上的归宿感，就是说，具体的仪式实践会产生群体认同以及一定意义上的社会文化整合，并达到身心一致、内外统一的认知体验。

另一方面，城固地母庙的地母神祇信仰也加深了地方社会认同的文化自信，并同时具有跨越地方社会文化圈的特征，也能够在融洽两岸三地的文化情感方面发挥应有的社会作用。地母庙会及其地母敬拜的民间信仰基本特质，正是因为其信仰实践与文化空间共同叠加中所呈现的重要内涵，而具有跨地域群体凝聚力与认同向心力文化表征的可能性。

2. 从生计实践走向民俗体验：定边赛驴会

毛驴与陕北地区民众的生产生活、生计方式曾经密切相关，陕北的农户家家户户都饲养毛驴，拉犁耕田、拉碌碡碾场、推磨碾米、驮柴驮水、交通运输、拉车驮粪，生产生活各种场景都离不开毛驴。赛驴同蒙古族、藏族、哈萨克族的赛马、叼羊一样，也成为生计实践的日常写照和交流内容，定边赛驴会这一庙会活动就是陕北三边地区（即定边县、靖边县及今安边县安边镇）民众在日常生产生活饲养保护、调训使用中所把握的驾驭毛驴技巧的竞赛活动，春节过后，耕种将要开始，而赛驴其实是对圈养一冬的驴进行一次综合锻炼。与此同时，定边地处蒙汉、农牧区交界地带，兼有农耕文明与游牧文明特征，同时又是边塞军事地区，历史上也常有赛马、赛骑射、赛驴，赛翻手摔跤、相扑打斗等军事竞技活动，因此可以说，定边赛驴会富含边塞文化特征，也是农耕文明与游牧文明、军事文化与地方文化融合的集中体现。

但是随着社会的发展，农业技术的提高与生产方式的变化，曾经在生计实践中扮演重要角色的毛驴不再具有举足轻重的现实用途。曾有记者调查访问定边当地参与赛驴会的民众，白泥井镇衣食梁村村民杨小飞说："我从 2009 年就开始参加咱们县上这个赛驴活动，过去的毛驴用来拉车、耕地，主要用于农耕。现在农业全部依靠机械化了，毛驴的作用就小了，基本都用于娱乐文化活动。为了让咱们县这个'赛驴'能够继续传承下去，每年县上都会举办这项活动。"①

定边赛驴会最早是以比赛驴子的走和跑的速度为主，后来发展为多种驾驭技巧的比赛，分为走驴、跑驴、夫妻赶驴、毛驴驮重和趣味骑驴等多个项目。走驴赛技巧；跑驴赛速度加技巧；夫妻赶驴赛幽默诙谐的情调和艺术表演；毛驴驮重则是赛驴的负重能力和人的驾驭技术；趣味骑驴赛各种骑姿的特技表演。在2017年的定边赛驴会活动中，当地为民众和游客准备了大型盐雕群展示、传统民俗赛驴表演、霸王鞭及传统秧歌跑驴表演、陕北美食展示、迎新春摄影展节目等活动。在赛场的西南角，还有"臊子饸饹""十米大锅炖羊肉""定边炉馍"等本地特色小吃。

随着参与人数的逐年增加，定边赛驴会的内容也从单纯的生计实践交流方式，逐渐演变为一种集商贸、旅游、观赏、娱乐为一体的民俗文化活动。定边赛驴会也从当地民众生计实践方式，而成为各地游客深度游览的民俗体验场景。

3. 互动仪式的意义转换：转九曲

> 陕北人喜欢转九曲，转九曲也叫走九曲、闹老醮，有的地方叫灯游会。原是祭祀老子的一种活动，大部分地方已演变成为一种大众化的娱乐活动。……过去闹老醮在固定的会社组织当中进行，醮民分若干个社，每社又由一个或几个村组成，会社由村里德高望重的老人主持。每年只限于一个社闹醮。因此，闹老醮转一个周期，往往得数十年时间。另外，也没有固定的时日，有正

---

① 记者许鹏，通讯员高婷婷、杨光琴：《定边：观"民俗赛驴"，赏"千年盐湖"，品"大锅羊肉"》，各界新闻网，2020年9月16日。

佳县白云山的转九曲活动　陈团结/摄

月十五的，十七的，还有三月三的不等，具体时间一般要经过打卦问神方能确定。现在转九曲主要集中于正月，因为正月人消闲，又有秧歌队的缘故。转九曲之前先要扎九曲阵图。……再安放上各家各户捐做的油灯……通体看，九曲像一个很大的城郭……有人把九曲称为九曲黄河阵，认为是古代战争的斗阵图形，也有人认为，九曲应是道家阴阳太极图的变体形式。

　　转九曲都是在晚上进行。入夜，四下里一片漆黑。突然，主持人吆喝"掌灯"，霎时，367盏油灯同时点亮，把四周照得如同火的海洋。走九曲开始了，锣鼓家什敲起来，秧歌队扭起来，抖起来。伞头嗓音洪亮，唱着即兴创作的秧歌词请观众观灯。鼓乐声中，秧歌队边走边唱，引导群众进入灯场。转九曲只能顺着围墙前进，到角落转方向行走。……民间传说，转九曲可以消灾祛祸，转过九曲的人，很少会染上疾病。……转出九曲，绕着外场走一圈，就开始偷灯。偷灯是在默许的情况下进行的，每人可以偷一盏，也可以偷两盏。偷时要做出掖在暗处的动作，带回家里，挂在门楣上，让没有转九曲的人也共享快乐，永久平安。旧时还有一种传说，偷得绿灯生女孩，偷得红灯生男儿……①

如果说定边赛驴会是一种以毛驴这一生产资料作为直接活动主题的庙会，因为社会生活方式的外部变化转而从生计方式的日常意义成为民俗文化的深度体验，那么，陕北各地庙会活动中的转九曲仪式，则是在各个庙会活动的敬神程序中，在人人皆可参与其中的娱乐互动过程里，实现其从神圣走向世俗、从敬神走向娱人内部意义的交织与转换。与此同时，这种内部意义的交织与转换，正因其民众主体性表达和个体性需求的深度契合，使民众的主观能动性在其具体仪式实践的过程中得以实现。庙会活动的继承和发展过程，为多元的个体化表达提供了具有历史积淀和文化意涵的仪式过程，形成一种地方社会文化脉络、个体需求、群体心态深度融合与建构的包容性互动与开放式结构，从而为地方社会庙会活动的持续性发展提供了历史与现代对话的重要文化枢纽和实践形式。

三、传统文化的形塑与整合

1. 从民祭到官祀：白水仓颉庙会

每年谷雨时节，白水都会举办仓颉庙会，会期七至十天。沿袭千年至今，从无间断，白水及邻县当地百姓逢庙会必参与，旧时以史官、北塬、纵

---

① 劲挺：《转九曲》，参见毛生铣、程万里主编：《三秦揽胜》，人民日报出版社，1988年版，第317-318页。

目三镇为主。清代，附近村民就联合结社管理仓颉庙，庙内住持洒扫上香，开关庙门，有事即向社长汇报。民国八年（1919），靖国军旅长赵子健缘于以前的管理机构瘫痪多年，便集齐各村之众，商定成立了新的管理机构，洛河以北的百十个村子，成立有专门的庙会组织，称为十大社，一年一度的庙会由十大社轮流主办，平时庙内有住持管理洒扫等事宜，其十大社的组织结构如下：

头社：史官村、靳家南头、东章村、洞耳。会长：靳连泰、陈玉江。

二社：武庄村、杨家沟。会长：高马儿、杨润泽。

三社：马家咀、孔走河、乾沟畔、郭家庄、张家庄、史家山、段家山、丁家山。会长：田润牛、贾凌瞻。

四社：东孙家山、西孙家山、郭家山、史家咀。会长：孙保元、郭成元。

五社：刘家那坡、北彭衙、王家南头、魏家南头、贺家胡同、罗憨咀。会长：王保彦，王新喜。

六社：东坡里洼、南彭衙、石锁村、牙石村。会长：薛新房、张蔚林。

七社：山岭上、东若埝、南纵目、富平村、南卓村。会长：王拴计、张玉合。

八社：东丰洛、西丰洛、巨家南邦、群英村、卓卓村、马坡村。会长：史万银、种定卯。

九社：贺苏村。会长：韩建福、任拴房。

十社。西章村、贾家庄、首居村、索家寨。会长：王明和，王得胜。①

---

① 王成耀编著：《仓颉·仓颉庙》，太白文艺出版社，2013年版，第7页。

白水县仓颉庙正门　赵科平/摄

白水县仓颉庙东侧殿屋顶　麻明歌/摄

白水县仓颉庙大殿前的戏剧演员　米卫红/摄

当时庙会的仪式过程和活动程序主要如下：

前半个月是清明节，十大社的会长来仓颉庙烧香膜拜，祭扫仓圣之墓。继而，开会商量本年度庙会事宜。这一天，各大商号、戏剧团体、乐户、纸炮商争相到庙内报到。并决定请剧团、乐团等各项事项。庙会前几天，社长和住庙师傅一起清扫庙内庙外，冲刷石碑、砖雕、柱联等，并请当地有名望的文人给庙内各处题写新对联。主持庙会的社家，于谷雨前两天，到庙里请回仓颉泥塑像、神楼和全副执事，置于村内显眼处，又请剧团给仓颉神唱一天两晚大戏，此谓"偏寨"，表示社家村民对仓圣优先祭祀。

谷雨那天，庙会正式开始。天放亮后，执事队进庙。16支古老的三眼枪在先，鸣枪开道；10面龙凤旗和12面五彩旗紧随；8面开道锣和一副

"迴避""肃静"牌相跟；接着是成双成对的龙头、金瓜、斧钺、偏戟、云牌、大刀、长矛等各式法器；继而是一把高擎的万民伞；伞后是金顶红罩的仓圣神楼，下有24根护庙棍排列两行；五张楠木桌抬上香器、祭器、香表纸炮和各式供品；十大社社长随后，两班乐户吹吹打打，三眼枪、万字头鞭炮在后。万名观众围观。场面十分庄严、肃穆。执事队进入山门，三眼枪向东西二戏楼上空开枪，两台大戏同时开演，谓之"迎神戏"。戏不能乱唱，有一定的剧目和套数。执事队进入献殿，在法器、乐器、钟鼓及鞭炮声中安主敬神。总会长领十大社社长及社会各界头面人物捧着盘子，分别将十八罗汉和八仙雕像、供板、供礼献于供桌上，上香祭酒，三叩九拜。接着，各校师生列于殿前致祭，脱帽三鞠躬，歌唱颂仓圣的歌"昔年创文字，以存利，大哉仓圣，何巍巍；启文明，伟功居然垂宇庙。以存世，万世治泽"。然后，民众致祭，献上专为仓颉做的各种有图案的花花馍，上香叩拜。

而在1949年之后，仓颉庙周围的社会结构与文化生态发生了一系列变化："1956年，仓颉庙内住持被划为五保户，庙地遂归武庄村所有，武庄高级社将庙地办成农场。1959年，庙会移至史官村，十大社自行散体，庙产随之散失。1962年，白水县人民政府公布仓颉庙为县级文物保护单位。1980年春，仓颉庙由县文化馆管理。1992年4月20日，仓颉庙与墓升为省级文物保护单位。2001年6月25日，仓颉庙与墓成为全国重点文物保护单位。2006年2月，仓颉庙文管所划为县文物旅游局直属单位，2009年12月27日，仓颉庙为三A级旅游景区。2013年，仓颉庙为陕西省望贤书学会李成海师生书法创作基地，白水县关心下一代工作委员会青少年爱国主义教育基地。"①

从2014年至2021年，白水仓颉庙会的祭祀主题、内容及场景图如下②：

---

① 王成耀编著：《仓颉·仓颉庙》，太白文艺出版社，2013年版，第7-9页。
② 整理自白水县人民政府网站新闻报道。

年度	主题	内容
2014 年		上午 9:05,仓颉祭祀大典正式开始,仓颉庙前,各界人士身披黄色锦缎,全体肃立,共同观礼。祭祀大典服饰及礼仪谨遵古制进行。古乐齐鸣,恭请"万代文宗之神位"安定升位,伴随着安神曲,长老高香三柱,大礼参拜,安神告成。为感恩仓圣有灵,黎民百姓敬献三牲、五谷祭祀仓神,同时奉上贡果、寿馍祈福纳祥。随后,主祭人仓颉后裔,县委书记,史官镇、北塬镇党委书记及史官镇史官村,北塬镇杨武村代表向仓颉像敬献花篮。县长恭读祭文 白水历代孝廉、状元后代代表,清华、北大学子代表祭拜仓圣。文祖后代集体行鞠躬礼祭拜仓圣,感恩文祖盛德。雅乐古韵祭舞中祭祀礼成 祭祀典礼后,在仓颉庙内原西北野战军指挥部旧址举行了红色旅游经典景点揭牌暨展室开放仪式
2015 年	叫响仓颉品牌 打造人文白水	上午 9 时,祭祀大典开始。"金声玉振、仓圣出仪、安神敬献、天地诰诉恭读祭文、乐舞告祭、教化万众"
2016 年	谷雨祭仓圣·丝路咏白水	上午 10 时,祭祀仪式正式开始。前来祭祀的各界人士披黄色锦缎,在古乐声中举行大礼参拜。主祭官祭拜后,取卷轴,诵读祭文,归侧位。之后亚献官、终献官走上祭台缅怀仓颉,再现中华传统礼仪画面 儿童高举千字文竹简,诵读《千字文》,百位书法家在仓颉庙内同书《千字文》,表演"百家姓"舞蹈 公布"和"字为 2016"一带一路"年度汉字。中国公共关系协会、陕西省旅游局、渭南市政府联合主办
2017 年		谷雨祭仓颉,白水融四方。上午 10 时,古礼祭祀仓颉典礼正式开始 钟鼓齐鸣,赞礼官、执幡者列班,举行迎赞礼;赞礼官登台致辞,《集贤鼓乐》响起。乐祭同时,初献、亚献、终献分向文字之祖敬献贡品,举行三献礼;唐代《四方菩萨蛮舞》祭祀舞蹈,舞祭仓圣 之后,主祭官上台举行酒祭;主祭官读祝(恭读祭文)后,赞礼官带领全体观礼人员三鞠躬,集体祭拜 祭祀礼成,217 位书法爱好者伴随着《墨风唐韵》共同撰写 2017"一带一路"年度汉字:"融"

续表

年度	主题	内容
2018年	新时代承千年文脉，新丝路谱万代华章	上午9:50,典礼开始:钟鼓齐鸣、旗阵上场、赞礼官登场,主祭官恭读祭文,酒夫出场、献礼、敬献花篮、全体肃立,集体祭拜三鞠躬,乐舞告祭,祭祀结束 上午10:20,互动式舞台剧"汉字之美",主持人宣布2018"一带一路"年度汉字为"新" 谒墓祭祖、参观庙区和研学旅行项目及营地展示 白水非物质文化遗产、创意文化产品展览 下午,举行以"字说中国 源起白水""汉字寻根 文化探源"为主题的2018新时代汉字研学精品"五个一"发布活动。省市县相关领导、中国公共关系协会以及研学机构、学校和旅行社团队参加
2019年	谷雨祭仓颉，白水融四方	中国公共关系协会、省文旅厅、渭南市政府联合主办 汉字推介;"海外华文媒体寻根祭祖白水行"活动 4月15日至4月18日仓颉古镇庙会活动(史官镇承办); 4月19日仓颉文化联谊交流活动 4月20日8:00至9:30、11:00至16:00组织十大社、七镇一办举行沿袭千年民间祭祝仓颉传承活动和锣鼓、秋歌、社火等节目表演。9:30至9:45入场仪式,礼仪引领,韩城行鼓表演,24节气鼓声齐鸣,嘉宾互动:全体肃立、正衣冠、洗尘蒙、静心智,嘉宾入场。10:40至11:10谒墓祭祖和游览圣庙;祭祀礼和互动式舞台剧,主持人宣布2019"一带一路"年度汉字为"共"。美国"汉字叔叔"西尔斯讲述"共"的起源,分享研究汉字的心得体会。10:40至11:20仓颉颂文艺演出活动。10:40至17:30举行"全国电子商务试点县"农特产品宣传推介和展示品鉴活动
2020年	九州遥拜仓圣，文祖福佑中华	祭拜按照"谷雨祭祀仓颉典礼"九规制举行 包括正衣冠,全体肃立;金声振,钟鼓齐鸣;迎神楼,恭迎文祖;沐圣光,安放神位;献三牲,五谷丰登;上贡酒,心香一瓣;万民仰,敬献花篮;诰天地,恭诵祭文;静心神,集体参拜九个环节。在线云祭祀 祭祀典礼结束后,所有参祭人员谒墓祭祖,并向抗击疫情期间牺牲的医护工作者和患者哀悼致敬

续表

年度	主题	内容
2021年	文脉永续 礼敬仓颉	4月20日上午9:50,金声振,钟鼓齐鸣,恭迎文祖,献三牲,上贡酒,敬献花篮,恭诵祭文,乐舞告祭,面向仓颉像三鞠躬。教育部中外语言交流合作中心、省外事委员会、省对外友好协会、渭南市政府、白水县委负责人,向中华文字始祖仓颉敬献花篮 4月20日至4月24日,"仓颉颂、谷雨祭"游览;渭南市青年秦腔剧团、蒲城县剧团、潼关县秦腔剧团、合阳县新蕾剧团和白水县剧团等专业剧团联合举办传统戏曲展演活动;3D动漫《跟着仓颉学汉字》同步首发

可以看到,近七年间,仓颉庙会祭祀仪式的流程已经按照"九规制"的官祀传统仪式,包括恭读祭文、乐祭、酒祭、献礼等多个环节。根据2007年白水县文化馆申请省级非物质文化遗产材料《谷雨祭祀文祖仓颉典礼的保护计划》中,十年内保护计划即为"建立完善较规范具有一定影响的祭祀大典仪式,力争使仓颉祭祀活动成为继黄帝陵祭祀大典之后又一个国家级非物质文化活动形式"[①]。

虽然在2019年的活动安排中,仍有仓颉故里史官镇组织的仓颉古镇庙会活动,以及镇政府组织十大社、七镇一办举行沿袭千年民间祭祝仓颉传承活动和锣鼓、秋歌、社火等节目表演,但是无论是从整体活动安排,年度主题提供,还是图中庙会空间、场景布置与人员构成,可以看出:

第一,仓颉庙会的从民祭到官祀的变化规律是十分明显的,或者可以说,当地政府文化旅游部门,逐渐将仓颉庙会活动中对仓颉的祭祀仪式从地方社会民众"十大社"为主导的敬拜活动,转化为政府主导的官方祭祀文化活动。

---

① 《白水仓颉庙会非遗申报书》,内部资料,2007年。

第二，主办方将活动内涵从民间敬拜"仓圣爷"这一神祇信仰及其创制汉字历史功绩的原初意义，扩展至对汉字文化、书法艺术、中华文明的讴歌与传扬，以谷雨祭祀仓颉活动为载体、结合国家发展"一带一路"倡议，开展年度汉字推介和发布活动，进行传统文化内涵在当代社会中的形塑与整合。

第三，将仓颉庙会的文化空间从仓颉故里、仓颉庙、仓颉墓出发，延伸至全汉语文化圈及汉语研习者的时空范围，以汉字的文化信息来阐释庙会活动中仓颉信仰所衍生出的深厚内涵，同时又通过网络传播方式，来强化与拓展汉字文化、中华文明的认同群体，实现中华文化的包容与对话空间。

这样从民祭向官祀的演进过程，并非是现阶段社会文化的新产物，而是不少庙会活动敬拜仪式在历时性发展中曾经出现过的特征，体现了民祭与官祀在庙会祭祀活动组织中流动性与互文性，同时也因不同的社会文化生态而呈现出富有张力的实践结构。近年来仓颉庙会中的官祀仪式，是对仓颉庙会内涵与文化空间的拓展与延伸，在当下突出文化自信与文化认同的社会背景中，也对仓颉庙会活动的文化影响力和区域社会发展有十分重要的促进作用。

但是，同时也应看到，在祭祀仪式中提升仓颉的文化传统价值固然十分必要，但如果过于突出强调其对民族、国家乃至世界的文化意义，而逐渐忽略其与当地社会民众长久以来的地方传统延续与文化心态的关联，在仪式设置的内涵与形式上与民间祭祀仪式割裂，就是说，与地方村社结构祭祀仪式割裂，与仓颉故里后裔群体的血缘地缘情感割裂，反而容易使得"仓颉""仓颉庙会"及其祭祀仪式成为一种悬置与外化于当地社会生态的抽象文化符号与话语表达，从而弱化和地方社会情感与血缘地缘群体认同的内在连接。

另外，在仪式过程中因为突出严肃与庄严的"仪式展演"，将仪式活动空间作为严格划定的边界，使得当地民众参与仓颉庙会祭祀活动的自主性与积极性退于仪式活动空间之外，在谷雨这一文化节点与祭祀场域中，抽

周至县楼观台庙会　陈团结/摄

象化的文化认同与地方性人文传统无法通过祭祀过程实现各群体之间互动与融通，这就易于使仓颉庙会的祭祀活动丧失了民间活态性与文化共享共生的重要特点，从而有可能影响仓颉庙会活动在地方社会生活中的可持续发展，也使地方文化历史发展的原生动力与农耕文明所承载的情感文化积淀，在现代性文明观的建构中进一步失去认同感与行动力。

2. 官祀、民祭、宗教的有机融合：楼观台祭祀老子礼仪

周至楼观台，据史料记载，周穆王追慕仙迹，西巡楼观，建老子祠。秦始皇欲求长生不老之术，遍访名山大川，亦曾亲至楼观礼谒老子祠，并于尹喜草楼南建清庙，改老子像坐西向东，置道士香田，庙户一百以供洒扫。汉武帝尤好神仙方术，建望仙宫于观北，并增置道员。西汉以后，楼观规模迅速扩大，道士日众，庙户不绝。晋惠帝元康五年（295）复修楼观。南北朝

时期，魏太武帝致香烛于楼观道士尹通，供其建斋行道，自此，四方拜谒者不绝。隋文帝开皇初年，修复楼观庙宇，刻真、草、隶、篆四体《道德经》碑，置诸庙中。至唐代，李唐皇室追认老子为远祖，楼观遂进入鼎盛时期。高祖诏赐楼观名宗圣观，两次亲幸拜谒。敕立监置官，专司道观修造之事，空前宏大壮观的宗圣观建筑群落成。

可见，自周代以来，历朝历代朝廷都有对楼观台神圣空间的建造，并通过封祀、拜谒、祭祀等仪式，以及对道家思想以及道教的推崇，表达对老子的敬拜之情。也正是因为历朝历代朝廷对楼观台及老子祭祀的重视，道家思想在中华文化中扮演的重要底色，老子祭祀仪式成为超越地方社会的文化传统，亦成为中华文明的重要文化基因，因此在史料甚至周至当地的地方志记载中，都鲜有记录地方社会中民众对老子的祭祀仪式与过程，而成为文字记录的"失语者"。

但是历史记载的缺位与空白点，并不妨害地方社会在文化认同中，通过不同的民间祭祀仪式表达对老子先哲的敬拜之情。直至今天，楼观台周边的民众仍在楼观庙会活动中用自发且群体性的村社实践形式，表达着来自地方社会多元化的祭祀方式：

> 楼观台每年农历二月初十举行古庙会，会期七至十天，规模盛大，闻名遐迩。起会村社有东楼村、八家庄、省村、塔峪村、太玉村、殿镇村、大庄寨子村、豆村等。由豆村敬献的大蜡，重百余斤，造型精美，工艺卓越，从里到外大蜡居中，周围饰以雕花鸟兽人物，层次分明，花样繁多。一般装置在纸扎八角亭内，四人抬着，由东楼村锣鼓开道，走在祭祀队伍的最前列。后边是各村社的纸扎仪仗队伍，有牌楼、彩亭、古塔等造型，每村六至十二杆纸扎，饰有神话人物，古典戏曲故事，色彩艳丽，栩栩如生。各村的祭祀队伍两侧，都有二至四个"马角"，他们手执扎黄裱花的铁大刀，似醉如痴，闭目挥刀，前奔后跑。人们见了都纷纷后退，保证了祭祀队伍的顺利前进。二月初十这天为庙会高潮，

从南环路到说经台，南北路途人如潮涌。山上山下香烟缭绕，钟鼓喧天，人声鼎沸，万头攒动。赶会的善男信女，香客道士达五十多万人次。会间，常有两台大戏对演，方圆二里之内，杂技、马戏、歌舞、魔术、杂耍、卖药、算命，无奇不有。百货土杂、小吃野味、花木工艺、牲畜农具，大棚小摊，目不暇接。说经台前，烧香化纸，抽签问卜，搭彩还愿者络绎不绝。黄昏以后，老子庙前坐满了虔诚的中老年信徒。他们结帮而来，自组一班，畅开嗓子诵经，无拘无束。有单人独诵的，也有双人或多人齐诵的，一帮诵完一帮就接上，此起彼伏，竟无间隙。大部分内容是劝人积德施善，多做好事的。这些人彻夜不眠，精神亦然，有几天庙会就诵几夜经，心甘情愿。①

因此，2009 年"楼观台祭祀老子礼仪"被列入陕西省非物质文化遗产项目时，对其礼仪内涵有明确分为几重层次的表述，即有皇家或国家祭祀、民间祭祀和宗教祭祀三种类型，而楼观台祭祀老子礼仪由三种不同类型融合而成：

第一，社稷祭祀（主要由皇家或国家机构祭祀）

（1）鸣奏黄钟大吕（或其他国家大典乐曲）。

（2）表演国宾舞（如唐乐舞）。

（3）由主祭人（政府官员）读《老子颂》之类的祭文。

（4）行祭拜礼（全体祭祀人员依序列队在音乐伴奏中行跪拜礼或鞠躬礼）。

（5）在音乐伴奏中列队绕场，次第退散。

第二，民众祭祀

（1）锣鼓演奏（高雅肃穆）。

---

① 《西安楼观台古庙会　传承千年道教文化》，西安文明网，2016 年 1 月 18 日。

（2）鼓乐演奏（集贤古乐或军寨道情）。

（3）献大蜡、献纸活（由各村镇依次献上并行礼，民乐演奏）。

（4）诵经（内容不一，音乐伴奏）。

（5）进香祭拜（锣鼓伴奏）。

（6）龙舞（老子被喻为"龙"）、牛斗虎（传说为老子骑的青牛同赵公明骑的黑虎）（锣鼓伴奏）散祭。

第三，宗教祭祀

（1）选择黄道吉日，沐浴斋戒，设置祭坛。

（2）请主进位，青龙白虎持笏立左右，道众立左右，高功上香。

（3）吉时升坛，俯拜上表。

（4）道众同拜，以表诚意。

（5）宣读偈赞鸿音（赞老子的诗文）

（6）参礼、按班上香行礼、诵咒（以上仪程均有金、鼓、磬等道乐演奏）。三种类型有时齐全，有时备其二，或一。①

这样对楼观台庙会活动中老子祭祀内涵既分层次又同时促进融合的叙述，是建立在对这一文化空间所承载多层面的历史积淀和社会信息充分的认知与研究之上的。楼观台庙会的精神内核，不仅与老子及其著作《道德经》和道家道教文化密切联系，与历史层累中社会文化精英对道教思想的融汇与呈现息息相关，也是地方社会中民众个体与群体在文化濡化与群体认同中对传统接纳与表达的重要实践形态。

因此，在当下楼观台庙会活动的传承与发展中，理应同时注重这三方面的祭祀方式与话语表达形式，尤其是民众群体作为重要的行动者在具体社会生态中对传统文化的传承与实践。并在这三者的有机互动融合中，寻找到现代化与城镇化发展中，地方社会中传统文化活态传承与发展的实践可能性。

---

① 《楼观台祭祀老子礼仪非遗申报书》，内部资料，2009年。

第五章
全球化与地方化：庙会的对话空间

风俗是一致的行动历时性造就的。
——［美］威廉·萨姆纳（William Sumner）

对有约束力的习俗而言，其空间的和社会的本质与其时间、历史的本质都具有根本性的意义：在习俗这里，所是和所做的一切，通常都与"总是已经"做过的一切同样重要。
——［德］赫尔曼·鲍辛格（Hermann Bauschinger）

西安市冯村射虎在高新咖啡街区

一、庙会的新空间

在全球化与地方化互相制衡与对话的社会背景下，地方社会中庙会活动也自然会随之出现新的趋势与变化。庙会作为一个地方文化的活动载体，也承载着其独特的文化特质和社会生态，即文化是流动的，是发展的，也是与社会现实随时发生互动与碰撞的。与此同时，因为庙会的主体是民众，民众的需求也会随着时代发生变化，因此，庙会的各种特征也会并理应随着文化的流动发展与民众不同时代的需求而发生各种变化，同时也呈现出不同的社会结构下知识生产与文化传承的新空间。

1. 空间的扩展：城市里的社火

庙会活动中的主体是地方社会中的民众，当民众的生产方式从农事活动转为进城务工，居住地点从乡村转到城市，社会交往范围从十里八村扩展到世界各地，城市也自然成为乡村庙会活动的文化空间。但这并不是说，庙会活动是外化于城市社会结构与文化生态的，相反，从文化主体而言，民众生产生活空间的位移，也同时使得庙会活动的精神内核与时间节奏仍然伴随着民众从乡村走向城市，并汇入城市社会文化的洪流当中；从社会文化层面而言，农耕文明沿袭下来的历史积淀与文化习俗在陕西地区较为深厚，而近代以来，作为内陆省份，其城市文化的近代化过程是不充分且未完成的，因此，地方社会村落的社会文化仍然构成城市文化的底色，并成为多元化的都市文化内涵中的重要组成部分。

西安市高新区灵沼街道冯村是沣西地区第一千人大村，唐代时已存在，冯村有其专属的社火形式——冯村射虎。相传唐朝名将李存孝从小练得一身好武艺，16岁时入涝峪沟砍柴，见一猛虎祸害百姓，即拔箭射之，虎应声而亡，当地群众称李存孝为射虎英雄，并将李存孝射虎的形象装扮成社火芯子，张扬其骁勇善战、行侠行孝的义举，之后"射虎"一词便成为冯村社火的特殊称谓。冯村射虎以"高、玄、妙、巧"的芯子艺术著称，装扮考究、结构独特。这一社火是当地民众逢年过节必不可少的一项民俗文化娱乐活动，入选陕西省第六批非物质文化遗产代表性项目名录。2019年2月19日，元宵节，西安市高新区咖啡街区嘉会坊举办"非遗高新·匠造传奇——2019西安高新非物质文化遗产展"，并邀请同属高新区的冯村村民到现场组织表演社火，有记者对这场社火演出的场景做了描述与解读：

> 元宵节当天，省级非物质文化遗产冯村射虎在嘉会坊巡场，红红火火、热热闹闹的年味儿一下子就出来了。在活动现场，排列整齐的仪仗队高举着横幅稳步向前，两列彩旗迎风飘扬。花枝招展的腰鼓队敲打着，一招一式有板有眼。气势宏大的锣鼓队，在鼓王的带领下，节奏强烈、风格刚劲。再加上民族大团结、一带一路、对花枪、降水母等主题的特色射虎十二转，将传统新年味道渲染得淋漓尽致，群众看得如痴如醉，醉在这浓郁的年味儿里，醉在那小时候的记忆中……
>
> 如果说前面的女王花车巡游、国际艺术灯光展是"引进来"，那么一系列的非遗文化活动就更多的是"讲好中国故事"的"走出去"，国际范儿与民族范儿在交汇共融中产生了奇妙的"化学反应"。嘉会坊2019开年的这一套"组合拳"，可以得到一个不错的成绩。也逐步走出了一条以国际化为核心，共融多种文化要素，开放包容与城市创新相结合的综合示范街区之路。①

这场社火虽然脱离了冯村本地的社会环境而进入城区另一个空间，且也是因为"非遗展"而具有舞台表演的性质。但是，因为时间与场景的选择仍然符合社火的文化特征与社会属性，即在正月十五年节期间，正是耍

---

① 《开放包容与城市创新相结合　嘉会坊全力打造综合示范街区》，华商网，2019年2月23日。

冯村射虎社火准备中　张影舒/摄

西安市高新区冯村"打造富强之城"与"吴王采莲"　张影舒/摄

冯村射虎在高新区嘉会坊　张影舒/摄

社火习俗沿袭下来的时间。而这个时间，是文化的时间，也是文化惯习与个体情感的汇聚点，是饱含民众辞旧迎新、家庭团聚、休闲娱乐各种喜庆情绪的庆典时间，而这种时间的内在文化属性，无论在乡村还是城市，对于大多数民众而言都是共通的，因此冯村射虎在城市空间内就不单单具有舞台的展演性，而是与城市空间内个体情感诉求和群体文化惯习达到同频合拍的特点，从而具有城市文化生产的主体参与性和互动性。

与此同时，因为城市里相对多元的文化需求和社会多面化特征，也赋予冯村射虎在植根于传统村社结构的庙会文化特点与情感功能之外，同时具有非遗演出的表演性质，但并非一种简单的"年味怀旧"演出，而是拓展了年节庆典的新面向，同时也突出体现参与民众的多重文化需求与共享话语空间，并不仅仅局限于年节喜庆这一社会文化主题，也通过观看与体验来实现地方社会风俗与都市街区文化生产的互动与交融。

但是从社火具体呈现内容上，可以看出其芯子表达与祈祝标语意涵并不十分贴合，而这种不贴合的张力空间一方面体现出传统文化在现代城市话语生产中的功能性弱化，另一方面也体现出传统文化的话语再生产仍然有其面对现代社会实践的更多可能性。

另外，虽然这场社火的组织者与表演者仍然是冯村的村民，因为演出的地理空间发生位移，而其面对的文化场域也随之发生变化，因此社火在呈现上也表现出了不同于当地演出的形式和内涵，扩展了其年度社祭的庙会文化传统特征，并比在本村的表演中更加积极与热忱地参与到城市社会、政治、文化的话语生产当中，从而化解了传统与现代的二元对立，在文化传承与发展中体现对地方社会文化整合与塑造的包容性与对话性。

2. 空间的生成：年货会与年俗文化节

庙会活动具有精神内核的同时，在特定时间与地点举行的商贸交易，也是其重要的社会功能与文化特征。随着社会经济的长足发展，商贸产品种类日趋增多、物流交通日益便捷，地方社会中民众依赖庙会活动进行物资交流、商贸往来实现日常生活的消费需求日渐式微，但是这并不表明庙会活动中的商贸交往在现代社会中逐渐丧失实际的功能。

相反，因其承载着传统习俗与时间节奏的历史积淀与文化心理，在相对更为便捷的城市中仍然有其参与民众节庆消费与满足日常需求的社会实践面向，从而成为庙会在城市中生成持续性社会文化空间的一种可能性，如自2003年举办至今的年度"西安年货会"以及相伴相生的"年俗文化节"：

> 年货会由中国商业联合会、陕西省商务厅、陕西省农业农村厅、西安市商务局等主办，西安旭峰丝路会展有限公司承办。"西安年货会"是省市相关部门重点扶持和培育的节庆消费类大型会展项目，是西安市重点打造的"西安年·最中国"系列活动之一。西安年货会以"宣传和弘扬中国传统年节文化"和"扩内需、促消费、惠民生"为宗旨，集中展销全国各地名优特年货商品，展示展演我国传统年俗文化，为参展企业搭建一个品牌展示、商品展销、合作共赢的桥梁，为广大市民提供一个集中置办年货、体验年文化的一站式年庆平台。
>
> 本届年货会期间，由西安年货会组委会主办，西安旭峰丝路会展有限公司、陕西节庆文化促进会承办的"第三届中国（关中）年俗文化展"在西安曲江国际会展中心B3馆同期举办。年俗展以"福年到、老陕情"为主题，采用场景还原、情景渗透、互动体验、静态展示、影像传送、民俗演绎等手法，通过"逛"财神庙，"观"民俗大院、年俗大院，"游"年趣街、年景街、年俗街，"赏"五谷丰登、六畜兴旺、家宅六神、祭天拜祖，"展"木版年画、凤翔彩塑、民俗非遗、年俗文创、秦人陕影，"体验"财神巡街、版画拓制、彩塑体验、面王大赛、科技游戏等项目表现形式，重现了关中年俗民俗文化风情场景，为广大市民营造了一场"游、乐、

忆、赏"四位一体的年俗文化盛宴。

除了丰富的年货展销外,展会期间还将举办猜灯谜送祝福、名优年货推介等丰富多彩的活动。同时现场可办理同城、异地"年货邮寄",不出会场就可将购买的年货快速送到指定地点。此外现场还设置了小件寄存处、复秤台、免费茶歇区、年货团购处等一系列利民便民服务和措施,真正让广大市民体验到一个方便、实惠的年货采购盛会。

据悉,年俗展期间还将组织我市多家品牌面食餐饮机构及名优特色小吃商家,举办以"品尝陕西美食、弘扬陕食文化"为主题的陕西面王大擂台和最美年夜饭,通过现场面食文化互动、饮食文化竞猜、技艺表演、品尝最美年夜饭等活动,大力弘扬陕西饮食文化。①

有记者进入年货会的现场,并对参与年货会的民众进行调查与访问:

左顾右盼,驻足品尝,这是年货会上采购者走在展厅内统一的动作和表情。市民刘大爷今年72岁,说起置办年货,他很有心得:"对我们这些老年人来说,逛年货会不图买啥东西,图的就是边逛边聊的热闹劲儿。"

68岁的周阿姨和邻居一口气买了4箱16桶食用油,纸箱摞起来足有一人多高,周阿姨笑着说:"平时就吃这油,这里卖得比外面超市便宜些,就多买些。"她和几位邻居告诉记者,年货会上的品种多,过年需要筹备的东西能一站式购齐,回去再给亲戚朋友们分分,也是不错的选择。

逛完一圈美食街,家住东郊的顾奶奶带着4岁的小孙女坐下

---

① 首席记者姬娜:《走!买年货去!西安年货会开幕》,参见《三秦都市报》,2019年1月17日。

来品尝台湾地区特色小吃。吃着汤包和虾饺,顾奶奶议论起展会上种类繁多的食品:"看着那么多好吃的真让人心动,一下子就有了过年的感觉。"①

记者的调查访问固然有其随机性和场景性,但仍然可以看出一个显著的特点,三位受访者都是老年人,这种线下直购的商贸集会形式显然更契合他们长期养成的消费习惯与生活模式。与此同时,三位受访者在"年货会"上的个体性多元化需求也得到了充分满足,"图的就是边逛边聊的热闹劲儿"是社会交往与闲暇的场景需求,"比超市便宜就多买些""过年需要筹备的东西一站式购齐"是消费心理与文化观念的日常实践,"那么多好吃的让人心动,一下子就有了过年的感觉"则是文化时间与感官体验的叠加整合。

"年货会"里的商贸与餐饮场面　张影舒/摄

---

① 记者龚伟芳、实习生孟新媛:《丰盛年货,带来年的感觉》,西安新闻网,2013年2月25日。

"年货会"里的商贸与餐饮场面　张影舒/摄

从"年货会"组织者角度而言,在物资交流与商品展销的同时,开展年俗主题的空间建构与非遗展示,通过场景还原、情景渗透、互动体验、静态展示、影像传送、民俗演绎等手法,来重现年俗文化风情场景,实现年俗文化的展示与体验,建构出城市社会文化中传统民俗的一重面向。应该说,这种在城市中生成的庙会空间,也是结合传统文化观念、多元消费需求以及社会发展结构而产生的,不仅满足城市多元化的个体需求,提供消费与休闲的日常体验空间,同时也在促进经济活力的同时,传承发展了群体性的文化认同与社会心理。

但是也应看到,这种展示与体验中较为强烈的商业化面向,使得其构建与还原的目的较为单一,只是将植根于具体地方社会中的民俗事象直接放置在商业消费的场所中,并将这些民俗事象视作一种精神性的、怀旧式的消费对象,成为外化于年货会民众生命体验与日常生活的精神产品,为

"年货会"现场营造一种想象中的"怀旧乡愁"年节气氛和文化空间，却未能与地方性社会传统和年货会参与者当下社会认知与文化心态构成现实的互文关系，从而使得这些民俗事象成为一种悬置于当下的"空中楼阁"，未能真正构成一种对庙会活动在城市空间中的知识再生产，而仍需进一步直面民众主体性的文化需求，从而实现地方社会文化传统的再阐释。

3. 空间的再生产：城市大庙会

诚然，大部分的陕西庙会活动都是在地方社会中的乡村中举行的，或者以地缘性、血缘性交织的村社组织作为其仪式活动的重要参与群体，但并非所有庙会活动都与城市社会无缘。如西安的都城隍庙会、八仙庵庙会等，都因其作为历史悠久文化深厚的宗教场所，其所蕴含的神祇敬拜、祭祀传统与日常意义，而成为西安城中的重要庙会活动，吸引众多地方民众与游客的参与。在宗教建筑与敬拜活动之外，还有各类商品交易、娱乐活动等，也为民众消费与交流提供了社会文化性的空间与平台。这些庙会活动有着独特的地方社会空间与文化传统。

而大雁塔周边，每逢正月十四、十五、十六三日，也有大慈恩寺因宗教信仰活动所衍生的庙会，俗称"雁塔庙会"，热闹兴盛。大雁塔是一座佛教宝塔，与大慈恩寺作为玄奘法师译经藏经的场所，亦是其创立唯识宗的寺院，在中国佛教史上具有十分重要的历史地位与意义，隶属于宗教建筑物理空间之内，但其在地方社会中的精神文化意义早已超越佛教信仰，而呈现出佛教思想史之外更为多元的历史积淀与社会内涵。大雁塔是唐长安城保留至今的重要标志之一，其所存石碑《大唐三藏圣教序》佐证了长安丝绸之路文化交流传播的历史。

唐代以来，大雁塔就成为文人墨客荟萃之地，"雁塔诗会"曾是大雁塔最辉煌的一页历史。千百年来，登临大雁塔，赋诗抒怀的诗人多达数百人，留下诸多诗作。唐天宝十一年（752）秋，杜甫与岑参、高适、薛据、储光羲相约同登大雁塔，凭栏远眺触景生情，每人赋五言长诗一首，其中杜甫作《同诸公登慈恩寺塔》，传诵至今。历代举子及第后均登塔题名，"雁塔题名"遂成为儒生士子仰慕向往之事，最出名的当属白居易，他27岁一举中第，登上雁塔，写下了"慈恩塔下题名处，十七人中最少年"的诗句，表达他少年得志的喜悦。大雁塔前还曾留有唐代至清代千余年间的陕西举人题名刻石，至今仍有部分可见。因此，大雁塔这一城市当中的历史建筑，既承载着佛教发展的宗教价值，也同时见证着唐代长安城的社会风貌与文化交流，更是涌动着中国传统文脉与儒雅风尚的文化空间。

如何去以一种民众主体、共享共生的角度去传承发展这样历史厚重与内涵多元的现代城市文化空间，成为一个重要的现实性课题。"塑造城市的权利不由国家赋予，也不由种族、国籍或出生地偶然决定，而是你居住在此便可获得。你生活在与他人共享的城市空间中，便有了参与塑造未来的自然权利。"①

以往看到的大多数庙会活动都可追溯渊源至县城、集镇、抑或是村落，但城市里的综合性庙会也随之而来，近些年大雁塔广场大唐不夜城街区及其各种活动已然成为西安城当中的"夜间庙会"，不仅在于它的活动内容、表演、美食、商贸、游艺一应俱全，更在于其仍包含地方社会中的精神内核与文化积淀，是以成为综合大慈恩寺佛教文化、大雁塔唐代文化以及西安都市文化旅游为中心的街区市活动。但它与其他大多数庙会的不同点也在于，地处城市旅游景区中心，参与民众群体身份更加多元，既有当地居民，也有许多慕名而来的外地游客，因此其虽然有城市日常生活的面向但也兼具旅游特征，并非呈现年度性的节奏起伏变化，而是几乎每晚都在以一种庆典氛围与文化空间中开展活动。

逢年过节，农历新年，元宵佳节，以及各种大小假期，其客流量大幅

---

① ［法］亨利·列斐伏尔著，叶齐茂、倪晓晖译：《日常生活批判》（第二卷），社会科学文献出版社，2018年版，第434页。

增加，同时活动内容更是比平日更加丰富多样，如"西安年·更中国"系列活动，结合赏灯、夜游、祈福的传统习俗与文化心理，依托大雁塔、大慈恩寺、曲江流饮、大唐芙蓉园的历史空间与地域文化，塑造出一个兼具历史与现代的多元文化空间和商贸娱乐体验地。

就是说，这样的庙会，是城市空间再生产中的新时期庙会，也是萌发传统文化生长点的庙会，并带有多元文化特征的庙会，既有传统戏剧、民乐、古典舞演出，也有街舞、现代舞、各类现代乐队演出等，更有街头杂耍、创意演出（如不倒翁小姐姐、悬浮武将等）。与此同时，此处的演出参与者也来源多样，不仅有本地的演职人员，各种乐队，也有国外的演艺团体等。又因为地处城市这一现代化的时空当中，结合各种声光电技术、建筑空间的设计与利用等，这一街区及其庙会活动成为西安市乃至陕西省的一块新的文化话语空间与旅游目的地。"仅 2019 年春节，就有超 400 万人次游览街区，同比增长 235%。以大雁塔为轴心的唐文化旅游集群已经形成。"①

必须看到，这一城市大庙会的旺盛场面，是与其参与民众主体能动性的特点密不可分的，或者说，这一文化空间的再生产，正是由组织者与参与者在历史文化旅游街区当中共同完成的。

首先是对大雁塔、大慈恩寺、玄奘，唐代政治家、思想家、文学家、书画家等所承载的历史文化积淀与氛围的尊崇与感念。有敬佛拜谒的宗教场所，亦有雁塔题名的文化空间，还有祈福纳祥的仪式意涵，从而呈现出街区内外重要精神底色与文化内核。

其次，无论是与不倒翁小姐姐的牵手致意、悬浮武将的互动围观，灯光喷泉周边的肆意呐喊，美食街区的热气腾腾；还是各种视频、自拍、抖音的留念与传播；抑或是身着唐装汉服，梳发髻，戴配饰，穿行于整个街

---

① 《大唐不夜城　带火西安夜经济》，环京津网，2020 年 5 月 15 日。

西安市曲江大唐不夜城　陈团结/摄

大雁塔,慈恩寺与玄奘法师像 张影舒/摄

"西安年最中国"祈福墙 张影舒/摄

大唐不夜城的街景与密集的人流(一) 张影舒/摄

大唐不夜城的街景与密集的人流(二) 张影舒/摄

大唐不夜城的文化庙会场景(一) 张影舒/摄

大唐不夜城的文化庙会场景(二) 张影舒/摄

区当中，都是在一种现代技术所驱动的社会生态与文化空间中，能够满足以个体为尺度以民众为主体来表达或朴素或激越的多元化多样态的娱乐节奏与日常诉求。

"海内存知己，天涯若比邻"，当大多数民众已从血缘地缘性的地方社会固定化边界中走出，而置身于地方社会认同与文化空间日益虚拟化的现代都市社会，如何突破碎片化与即时性的日常体验与传统认知，通过一种共时性的现场庙会活动来实现社会文化空间的再生产，从而在历史文化街区当中达到新的社会叙事与文化传承之间的平衡，在流动性与聚集性的交织中，构建出带有社会温情与文化认同的个体化多元诉求的渠道，是当下地方社会中的一个重要命题。应该说，大唐不夜城的尝试与摸索，正是因为与传统变迁、文化生态、个体需求、消费趋势等多方面的社会发展节奏暗自合拍，才会达到地方社会旅游资源深度开发的预期效果。

二、庙会的新生态

一方面是在人口流动、社会发展、文化多元的场景变化中，庙会活动在城市中实现空间的拓展、生成和再生产；另一方面，在村庄中，也因生产生活方式、时间节奏等的变化，以及城市社会文化的虹吸效应，也随之衍生出农事习俗逐渐脱离日常生活、家庭结构、社会交往范围与个体观念的社会文化变迁。因此，庙会活动即使在村庄原有的社会认同与组织结构中，仍然会面对新的地方社会生态，从而产生庙会活动在现代社会中的另一重对话性与延展性。

1. 旅游目的地与文化消费场

从各类历史文献资料可以看出，清末以来，随着商贸交流渠道与方式的日益便捷，随着农事生产力与生产资料的改进与发展（不再仰赖人力与畜力），陕西庙会活动的商品贸易与农业经济等社会功能在陕南地区影响更小，整体而言都呈现出一种持续性衰微的趋势。

虽然商品贸易的种类伴随着新的日常需求仍然出现了新的扩展，如武功县河滩会现场有卖家用汽车的摊位，还有不少庙会现场有房地产广告的散播与分发等，但因为交通物流、网络平台等日益便捷，庙会作为日常商品贸易场所与平台的地位和重要性，早已被各类商场、超市、展会、网购平台等瓜分出去又逐渐细化，其影响力愈发微弱。

但与此同时，庙会活动因其独特的地方社会传统与文化特质，又同时仰赖于交通方式的便捷和通行时间的缩短，而从一种地方性的年度综合社会文化活动，成为重要的旅游目的地与文化消费场，其商贸交易功能中的文化消费元素日益凸显。

伴随着新时期传统文化复兴与地方文化认同感的政策引导与社会发展趋势，一方面，由"庙会"而"庙市"的世俗化倾向逐渐逆向变化，但并非是简单地仅仅从世俗化转而神圣化的过程，而是其在地方社会中扮演的重要经济功能逐渐转变为文化功能，成为地方社会中重要的文化空间与神圣场景，不少民众到庙会中寻找文化认同与传统价值，"回乡偶拾""看稀奇""深度游览"等，从而构成以文化体验、传统认同、"寻找乡愁"沉浸式、参与式的旅游目的地。

另一方面，庙会活动的参与者已不只是甚至大多已不是本地的民众，因此，其商贸交易的产品、庙会各类活动也日趋裹挟进入更强调个体化体验与传统认知的文化消费场，许多承载地方文化特色、体现地方社会习俗的物件、事象成为庙会活动中的重要消费品，如地方风味美食、地方民俗物件等。庙会上开始着意卖一些带有地区文化特征的商品，如竹编、烟草、烟袋、木质家具，甚至关于庙会活动的书籍，地方特色小吃，如锅盔、蓼花糖等，而日常的衣食住行、与农事相关的商品则日趋减少，这当然也与当下乡村社会发展的现状有着千丝万缕的联系。就是说，村庄中的庙会活动与农事活动的关系正在日益减弱，与传统农业文明的关联也随之慢慢剥离，而逐渐成为城镇化背景下传统文化复兴与文化认同感的重塑中心。

武功县庙会中的商贸消费现场　张影舒/摄

武功县庙会中的商贸消费现场　张影舒/摄

这当中自然存在着不同以往的张力空间，无论对于本地民众还是对其他旅游者而言，都需要面对与农事活动的关联逐渐式微的地方文化传统传承与发展问题，也更需要面对全球一体化背景下的社会文化处境：

一方面是"十里八村"的乡土逻辑，而另一方面则成为"一小时生活圈"的旅游目的地；一方面是日常生活的慢节奏与较小的人际交往范围，另一方面则需要面对人员流动所衍生的公共服务设施要求与公共环境卫生等问题；一方面是本地居民"自我"年度性文化庆典与聚会时间，另一方面成为游客参观访问的"他者"文化空间与社会场景。

但这种交织与错落，正是农业社会、工业社会、信息社会等多元社会文化生态的一种叠加，也是个体生命体验、社会文化认同、乡村振兴发展等社会实践与文化理念的叠加，如何在这种复杂多义性中寻找到地方社会庙会活动的传承发展之路，同时又能充分体现民众主体性与社会结构性的统一、文化独特性与普遍性的统一，则是需要仔细考量与反思的重要社会命题。

2. 村庄里的艺术节：庙会传统与艺术乡建

民俗学家钟敬文曾谈到："把传统民间节日活动中那些确是带有生活情趣的一些活动，认真加以挑选和运用。这样做，不但丰富了我们的新文化，也将使这种新文化有较多的民族色彩和感情，而这点是宝贵的。"[①]但同时，如何在日常生活与社会生态中去传承发展那些带有传统意味与文化积淀的活动，比如庙会活动，并使之转化呈现出超越传统与现代的割裂感，在社会秩序、文化认同、个体表达、经济技术等层面融合发展的状态，则是一个颇有意味的理论逻辑与实践方向。西安美术学院实验艺术系与鄠邑区石井镇政府至今在石井镇蔡家坡村已联合举办三届的"关中忙罢艺术节"，就

---

① 钟敬文：《话说民间文艺》，人民日报出版社，1990年版，第60页。

是这类活动中的一个有益尝试：

2018年6月9日，"第一届关中忙罢艺术节"在鄠邑区石井镇蔡家坡成功举办，本次活动也是西安美术学院师生在蔡家坡村的第二场艺术活动。

据悉，本次活动是西安美术学院师生组成的"关中艺术合作社"在鄠邑区开展系列活动的第二场，他们试图以一种艺术合作农村的新方式，营建以"关中忙罢会"为核心的现场艺术的生动空间，将乡村中传统生活方式、价值认同、行为规范、自生秩序，与现代文明、创新文化、科技脉动相融合，以合作协商为根本，构筑城乡文化相互成就的有机关系。

活动共分为"关中忙罢艺术节表演""麦田大地艺术展""合作艺术展""粮食计划"四个版块。9号晚上的"关中忙罢艺术节庆典晚会"也体现着深刻的文化意味，晚会有西安美术学院健美操队带来的开场秀、本地村民自制的小品《百善孝为先》以及西安美术学院实验艺术系师生的实验话剧《乡约的身体》等节目。乡土小品和前卫表演、乡村和学院，不同的语境下产生了别样的文化意味。

艺术节的另外一个重要版块——"麦田大地艺术展"也在当日全面拉开帷幕，活动邀请了多位艺术家。他们以终南山为背景，以土地为依托，将麦田变为艺术空间，在这片土地上创作出大地艺术、麦秆雕塑、装置、绘画、涂鸦等多种类型的艺术作品，更是丰富了此次乡村与土地的文化场域，让艺术现场和麦地融为一体，让艺术和乡村重新交融。

"合作艺术展"版块，以实验艺术青年学子的艺术作品为主，在过去一个月的时间中他们以艺术社会学为方法逻辑，在田野调查中，涌现问题、发现问题、倾听（倾诉）问题、凸显问题，并以合作协商为带入，扎入社会与历史的现场，在乡间家庭故事的深入中，展现个体的细妙和真实，以物质为对象，以物化物，以多重的意指转换，开启艺术创造性实践。

"粮食计划"版块将麦秆做为大地艺术的基本材料。这些麦子经过艺术家们的手温成为最理想的艺术"产物"，对应着精神的"食粮"概念。在一系列乡村项目的开展过程中，将持续实施粮食计划，联通农业—经济与文化—艺术体制二者之间的运行关系，在一种新的文化模型中，创造新的价值观点。

据悉，西安美术学院与鄠邑区有着70年的合作历史，今天他们再次结合，由学院师生与石井镇蔡家坡村民共同举办"第一届关中忙罢艺术节"，重新激活传统节庆，并以坚实的艺术社会学为

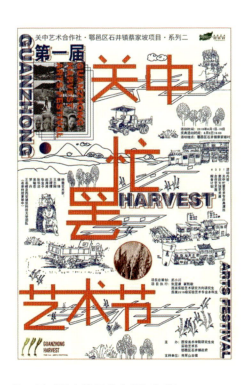

第一届"关中忙罢艺术节"海报

基础，以创造性艺术为辅助，共同合作。以终南山为背景，以土地为依托，将麦田变为艺术空间，将田野化为展演现场，以现实与理想、传统与当代、青春和老练作为某种显在的线索，将整个村庄变成了合作艺术、社会艺术、大地艺术、身体艺术的巨型呈现空间，灌注区域民间节庆的新内容、新精神，建立起乡村文化的新谱系。①

第二届关中忙罢艺术节于2019年6月在蔡家坡村举行：

> 武小川教授任教于西安美术学院，是"关中忙罢艺术节"和关中艺术合作社的总策划人和组织者。
>
> 作为中国小麦种植最早的地区之一，关中地区特有的"忙罢"预示着村民每年夏天麦收劳作的结束。艺术节借此为题，意味着与农业生产的时令感和地域性节日之间的紧密结合。另外，无论是劳作丰收还是艺术创作，均以麦子以及麦作文化为出发点，进一步强调艺术的在地特征，体现出艺术节对于农业文化中形成的劳作共同体的关切。
>
> 第二届的"关中忙罢艺术节"主要分为四大核心版块：终南戏剧节、麦田大地艺术展、乡村合作艺术以及关中粮作。在终南戏剧节的舞台上，既上演着西安美术学院的先锋话剧、交响音乐会、也有本地村民自制的乡土小品以及关中特色的秦腔木偶戏。同时进行的麦田大地艺术展则以田野为承载空间，以关中农村为创作的艺术情境，来自各地的艺术家通过绘画、装置、行为、影像等不同的艺术形式让艺术发生、进入活跃的农田生活场域。乡村合作艺术项目则主要由西安美院实验艺术系的学生参与。以蔡

---

① 《"第一届关中忙罢艺术节"成功举办》，华商网，2018年6月11日。

家坡村为田野调查和社会实践的展场，学生和当地村民共同参与到艺术创作的各种活动中，设计建设了蔡家坡村村史馆、揭幕了蔡家坡村美术馆等。在"关中粮作"版块，通过重新包装农产品，提升了当地农产品的品质和品牌效应，促进产品的销售，以改善乡民生活。

毫无疑问，"关中忙罢艺术节"是对关中农村传统生活方式与自生秩序的一次探索与艺术融合，希望把当代艺术带回到历史和社会的双重现场，让其能够记录、参与和见证今天时刻正在进行的剧烈的城乡变化。然而，武小川也提出了他在具体的艺术实践中遇到的困惑和问题。谁才是"艺术乡建"的主体？是在麦田上

第二届"关中忙罢艺术节"海报

进行创作的艺术家，是进行田野调查的学生，是给出方针与支持的地方政府，还是日常生活和劳作的当地农民？在多元主体的诉求之中，特别容易滋生矛盾和冲突，如何去平衡错综复杂的关系？如何让其不是昙花一现，而是变成本地自发的长期艺术项目？在民国时期，致力于中国社会改造的梁漱溟就一针见血地指出了乡村改革的困境之一："乡村运动而乡村不动。"武小川也进一步说，在今天的艺术乡建浪潮中，我们需要不断追问的是，每一位乡民在此类艺术节中的不同诉求是什么，以及艺术的介入能够为乡村发展真正带来什么。①

因为疫情的原因，2020年没有举办"关中忙罢艺术节"。到2021年5月，第三届"忙罢艺术节"拉开序幕：

> 在此起彼伏的麦浪中，由西安美术学院、西安音乐学院、西安市文化和旅游局、鄠邑区委区政府联合主办的第三届关中忙罢艺术节正式启动。从5月到11月，艺术节将用28场各具特色的艺术活动，在石井街道蔡家坡村、栗园坡村、下庄村、栗峪口村连片打造乡村振兴示范样板，向大家奉献艺术的饕餮盛宴。
>
> 本届艺术节以终南山为背景，围绕发展乡村产业目标，通过终南戏剧节、大地生态艺术节、乡村社区艺术节等三大版块系列活动，把乡土田间变为艺术空间和演出现场，用艺术激活忙罢节庆传统，唤醒人们的千年"乡愁"。通过多角度、多维度展示艺术之美和乡村自然之美的结合，让艺术走进乡村，让乡村绽放文明，推进乡村旅游和产业提升，丰富本地社会文化生态，扎实促进乡村振兴。让大家感受关中最为动人的时节，体验农事、汗

---

① 记者王芊霓、实习生黄羽婷：《反思艺术乡建：乡村如何与当代艺术共生共存》，澎湃新闻，2019年7月24日。

水、欢聚、收获、快乐，触摸最接地气的艺术，收获不一样的诗与远方。

关中忙罢艺术节上丰富多彩的艺术活动，犹如一幅美丽的画卷向观众徐徐展开。鄠邑区正在用艺术的方式，激活乡村文化振兴的内在动力，全力推进产业、人才、文化、生态、组织"五个振兴"，用行动推动城乡融合发展，用接地气的艺术吹响乡村振兴的号角，打造乡村振兴的"鄠邑样板"。

亮点一　终南戏剧节

在滚滚麦浪的田园间，来自西安音乐学院的400余名师生将伴着虫鸣鸟叫、花草呢喃，演绎美妙动听的田园合奏，这是乡间节奏和音乐的完美结合。

终南戏剧节版块将以"终南乐夜"为主题，开展6场不同题材和形式的音乐活动。其中，包括经典歌剧《白毛女》、原创音乐剧《战火青春》、民族管弦乐音乐会《戏彩长安》、"唱支山歌给党听"红色经典作品音乐会、《颂歌献给党》女声合唱音乐会以及《夏日轻歌》演唱会。

这些活动将在鄠邑区石井街道蔡家坡村终南麦田剧场、栗峪口村草甸剧场和栗园坡乡村剧场开展，以庆祝建党百年为主要题材，通过一系列视听盛宴给观众特别是农民朋友带去欢乐和美好享受。

亮点二　大地生态艺术节

一幅幅精美的壁画"文艺范"十足，美化了村庄，感染着村民，汇聚着村民对美好生活的向往。一张张影像是关中古村落的乡愁记忆，也传递着现代乡村发展的希望，勾勒出鄠邑区乡村振兴的美好图景。

大地生态艺术节将通过开展画美乡村——乡村壁画实践、麦田艺术——乡村社会艺术实践、终南影展——关中古村落影像展、大地生态艺术展等8场主题活动，调动起大家参与美丽乡村建设的积极性、主动性、创造性，唤醒人们对农耕文明的记忆和认识，把艺术之美和乡村自然之美相结合，让艺术气息渗透进生活气息浓厚的乡村中，从而吸引更多人去拥抱乡村、发展乡村、振兴乡村。

亮点三　乡村社区艺术节

鄠邑区历史悠久，文化底蕴深厚，是中国现代民间绘画之乡、中华诗词之乡、中国鼓舞之乡、中国围棋之乡。此次艺术节将聚焦融合发展，不断挖掘鄠邑区的传统民俗文化和乡土文化资源，进一步展示地域特色文化。

由鄠邑区委宣传部、区文化和旅游体育局组织开展的乡村社区艺术节版块，将开展中国农民画"鄠邑发布""唱支山歌给党听"音乐会、村史党史文献展、关中农货艺术节、文化交流展演、"秦腔"进乡村等14项活动，着重展示农民画、鼓舞、诗词、围棋、武术、秦腔等地域文化品牌。6月—11月，鄠邑区24个文化艺术协会将分别分阶段组织展演。这一系列文化惠民活动将紧密结合时代主题，展示鄠邑良好形象，通过打造"白天看景、晚上看戏"鄠邑文化旅游品牌，满足人们日益增长的物质和精神需求，真正让群众乐于参与、乐在其中，切实提升群众的幸福感、归属感和获得感。①

"忙罢艺术节"，顾名思义，是来源于陕西关中地区庙会活动之一"忙罢会"的艺术乡建活动，也是艺术院校与村庄共同举行的新生态庙会活动。活动时间节点以麦收作为标志，仍然符合农事农时的实践节奏，同时也植根于黄土地的农耕文明传统。策划人一直强调，艺术节借此为题，意味着

---

① 记者王涛：《关中忙罢艺术节来咧》，参见《西安日报》，2021年5月24日。

第三届"关中忙罢艺术节"海报

与农业生产的时令感和地域性节日之间的紧密结合，是对关中农村传统生活方式与自生秩序的一次探索与艺术融合，希望将当代艺术带回到历史和社会的双重现场，让其能够记录、参与和见证今天时刻正在进行的剧烈的城乡变化。

  从三届的"忙罢艺术节"活动记录来看，虽然不同媒体的报道中有不同的侧重点，但是无论是策展人、学者，还是地方政府、官员，都有着各自的话语权和观念表达，而当地村庄中民众的表达，则在这些报道与谈话记录中统统失语了。诚然，这种失语也许并非是艺术乡建过程中学者或者地方官员有意为之，甚或不如说，他们原本都是直接或者间接为了重建地方民众的话语主体性才试图举办这样的艺术乡建活动，但仍然呈现出地方民众的集体失语性。

蔡家坡忙罢艺术节（一） 陈团结/摄

蔡家坡忙罢艺术节（二） 陈团结/摄

蔡家坡忙罢艺术节（三） 陈团结/摄

乡村建设离不开地方社会在当下的现实语境，同时也无法回避乡村自身的历史遭遇，然而其在活动设置与媒体表达中，民众的主体性实践并未得到充分的展现与疏通，其地方文化传统与社会秩序的传承与发展成为一种隐性的脉络，在各种社会变迁与话语构建中愈发晦涩不清。但是，艺术乡建本身是一种恢复与重塑的过程，"艺术是让乡村苏醒和恢复人生命感觉的有效途径。艺术家可以重新建立人与乡村、人与人、人与自然的关系，而这正是艺术乡建与众不同的价值所在。……艺术可以温暖和融合乡村社会的整体价值，担当和协调乡村不同主体关系的媒介，并缓解长期割裂的紧张的城乡关系与社会关系。它区别于长期对乡村采取单一功能的治理措施"①。

一方面，从忙罢艺术节的艺术家表达来看，"在今天的艺术乡建浪潮中，我们需要不断追问的是，每一位乡民在此类艺术节中的不同诉求是什么，以及艺术的介入能够为乡村发展真正带来什么"。他或者他们，希望通过一种主体性建构来重新恢复地方社会中的文化传统与话语生产，通过艺术这一实验手段来激活乡村社会的精神内核与人文生态。但这个过程不是一蹴而就的，也并非仅凭主体性塑造就能够很快恢复，梁漱溟先生就曾对乡村建设有过断言："真的力量恐怕只有在内地乡村社会中慢慢酝酿，才能发生大的力量，而后再影响于城市。"②

另一方面，"忙罢艺术节"这一艺术乡建活动，伴随着四年来的发展，已经不仅承载了地方社会"忙罢会"这一庙会活动传承发展的历史任务，同时更被汇入了乡村振兴、地方社会治理、基层党建、公共服务、乡村旅游的多重实践过程，体现出民众主体性面对地方社会文化传承与发展中的复杂话语结构，也呈现出"艺术参与乡村振兴，不仅是'主体性'，也是'主

---

① 渠岩：《艺术乡建 从许村到青田》，参见《时代建筑》，2019 年第 1 期。
② 梁漱溟：《乡村建设理论》，上海人民出版社，2011 年版，第 429 页。

体间性'的问题，更是'多重主体性'的问题"①。日本民俗学者菅丰在研究中，提倡一种"生活文化主义"实践，即以重视地方为目的的地方主义和以重视生活者为目的的生活者主义为基础框架的建构。

也就是说，在对文化传统进行保护和活用的过程中，必须把地方民众的知识、想法、价值观以及利害关系作为主要内容加以尊重，研究的立足点不是研究者，不是政策制定部门，而是居住者的生活。②因此，庙会活动在传承发展的新生态中，无论是学者抑或是官员，都应当给予地方民众的话语表达与主体性空间，找到既适应时代社会变迁，又能够充分认识到地方社会独特性，并在对话与建构的过程中，实现恢复其社会生活蓬勃生命力的重要道路。

近代以来，庙会活动所面对的地方社会生态与知识生产空间一直在发生着巨大的变化。首先，在西方社会文化系统的对照下，变为一种现代化社会进程中的"他者"，其社会实践、认知方式、时间意识都在不同以往的参照系中出现了新的对话空间与文化交流模式，从而对"自我"产生一种前所未有的怀疑与反思，以社会知识精英为主体的群体，试图对地方社会文化进行颠覆性的改造，试图去乡土化、唯物主义化、科学主义化，从而使得庙会活动背后所承载的农耕文明与传统文化受到前所未有的考验与冲击。

其次，自身本土社会经济的发展轨迹，也使得庙会活动中所承载的神圣性意味逐渐淡化，而其与民众经济生活的日常联系也由紧密而变得较为松散，就是说，庙会活动从起源发展于较为同质化的地方社会结构、生计方式中的四季更替、岁时年节的庆典式综合社会文化活动，逐渐形成在多

---

① 刘姝曼：《乡村振兴战略下艺术乡建的"多重主体性"》，参见《民族艺术》，2020年第6期。
② [日]菅丰著，陈志勤译：《日本现代民俗学的"第三条路"——文化保护政策民俗学主义及公共民俗学》，参见《民俗研究》，2012年第2期。

元化社会结构和生活实践中出现文化传承发展的嵌入式张力；另外，随着社会城镇化的发展，城乡社会文化生态的对照与变化，乡村社会与民众生活也发生了多元化的结构化转型，其中包括生产方式、技术发展所引发的农事习俗的文化真空、时间节奏、文化观念的变化，家庭结构、居住空间、交通方式多元化所引发的社会交往范围的变化等，都对庙会活动中的仪式、社会组织及商贸交往等具体实践过程产生了重要的影响。与此同时，庙会的传承与发展也通过不同参与群体的主观能动性出现了多元化的可能性与对话空间。

但是从历时性的角度也应该看到在地方志书与文献资料中知识精英对庙会活动的不同表达和价值判断，这不仅仅代表着在祭祀仪式与文化角色中由来已久的官方与民间的张力，更是呈现出知识生产在具体地方实践与文化传承中的层次感与丰富性。就是说，通过庙会活动所传达出的意义与信息，在不同历史演进与社会生态场景中有其互动性和对话感，而地方生态与文化传统正是在这种互动对话中构成"联动空间"的场域①，来显示文化实践过程的承载力与包容性，并由此产生社会秩序与历史变迁中文化的延续性和生长点。

另一方面，庙会活动所承载社会文化的民间性与地方性，不是历时性社会发展中与官方话语生产和文化建构上的二元对立，也并非在当下面对技术革新与社会现代化进程时缺少话语权和生命力，而应该认识到庙会活动从来都是在不同群体、社会结构之间的互动与文化变迁中演进，也一直都是与地方社会中民众的具体社会实践与日常生活紧密相连的。"变迁是文化生活的常态，不变才是僵死和违背自然发展规律的。全人类的历史实际上可看作是各种文化不断的适应其境遇的变迁历程。"②

---

① [日]沟口雄三著，王瑞根译：《中国的冲击》，生活·读书·新知三联书店，2011年版，第243页。
② 李亦园：《文化与行为》，台北商务印书馆，1993年版，第23页。

在今天，城市化的进程充满着悖论：它持续性地侵入乡村，挤占农田，砍伐树木，然后用水泥对其进行大面积的浇灌。这是一个典型的去乡村化过程，城市化就意味着去乡村化。但是，吊诡的是，正是在植物被砍伐之处，城市又开始种植大量的植物，城市要将自己变作花园之城。城市化的过程，同时又是一个乡村化的过程。[①] 其实，植物与花园更是一种隐喻与表征，乡村社会秩序、文化传统逐渐衰微的过程，也是城市人口、文化次第蓬勃的过程，这种乡村化与城市化的交织与割裂，连同都市化、现代化发展，成为社会文化景观中最为杂糅多元的呈现方式。

庙会作为一种地方性知识存在与表达的形式，其传统与现代性的关系并非从属于双向的、对立的逻辑，而是一个错综复杂的互动对话过程。庙会在当代社会中文化功能的提升，不仅体现出一种试图以民众为主体重构民俗生活空间与日常社会秩序的主观意图与话语建构，同时也为乡村社会和现代国家互构创造了具体的想象情景与文化空间。尽管一切传承与发展的过程都时刻裹挟在现代社会生态、话语建构与整合、多重主体多元互动的洪流之中，但不论对个体、群体还是整个地方社会而言，各层面多角度地对庙会这一地方性传统民俗活动的关注与强调，并在无形中增强其文化辐射力，拓展其文化空间，实现文化再生产，仍然是经济全球化和后现代化背景下，坚守文化多元性与地方性，谋求地方社会文化延续发展的必然之路。

---

① 汪民安：《身体、空间与后现代性》，江苏人民出版社，2015年版，第124页。

附　录　历代书写中的陕西庙会

纵览历朝历代书写记录中的陕西庙会，无论是地方志书、官修历史，还是碑刻文献，民间传说，抑或是名家诗作，乡贤风物，都有着不同的描摹侧面与书写角度，而较为系统地全面梳理这些文字，对历时性地理解与把握陕西庙会中的各类文化事象与地方社会特征有着不可或缺的重要性。

一、庙会的时间与地点

（一）时间

（正月）十六夜，妇女出游，谓之"走百病"。(《临潼县志》)

——〔清〕《陕西通志·风俗》（卷四十五），清文渊阁《四库全书》本

三月三日，朝武子名山，男女拈香毕，各采松枝、兰花簪髻而归，以为祓除不祥。(《西乡县志》)

——〔清〕《陕西通志·风俗》（卷四十五），清文渊阁《四库全书》本

二月十五日，相传城隍诞辰，设祭演戏。

——〔清〕《平利县志·风俗》（卷四），清乾隆二十一年刻本

自康熙八年，众为太史公庙会。

——〔清〕《韩城县志·艺文》（卷十一），清乾隆四十九年刻本

二月三日，士人作"文昌会"。

——〔清〕《安定县志·岁时民俗》，清道光二十六年抄本

市集，旧志城内及西关两市俱以一旬，上五日在城内，下五日在关，递轮。同治八年，粮市移新城内，每日集。柳子、赤水、东关并城乡各庙会仍旧，新添罗纹镇逢六九日集，二日会。王宿镇逢四日集，七、十日会。大张镇单日集，逢五日会。侯坊镇逢八日会，间日集。郭村镇单日集，逢一日会。瓜坡镇间日集，逢六日会。高塘镇单日集，逢五九日会。江村镇间日集，逢六、日会。

——〔清〕《续华州志》（卷二），清光绪八年合刻华州本

（六月）二十八日，十字街请五龙洞龙王，神牌并齐天大圣像，演戏献牲进香，名五龙聚会。

——〔清〕《米脂县志·风俗》（卷六），清光绪二十九年钞本

三月十八日，城乡之祈子嗣者，男女各诣城南、城东两圣母庙上香，亦祀高禖之义也。二十六、七、八等日，远近居民群至请神庙金香，许愿者并于城内外山头及文屏山二郎庙，身披黄纸，随诸神会周行，曰"转山"，以报赛神功，是为雕山春社。……四月八日，天宁寺广生堂庙会，求祀续者，亦诣庙进香。

——〔清〕《绥德州志·岁时民俗》，清光绪三十一年刻本

四月八日，天宁寺广生堂庙会，求似续者亦诣庙进香。

——〔清〕《绥德直隶州志》（卷四），清光绪三十一年刊本

（四月）二十八日，城隍神诞期，远近人民集会相庆，商贾藉以售货焉。

——〔民国〕《续修南郑县志·风土》（卷五），民国十年刊本

每年旧历三月三日，此间城外北关，必有骡马大会，盖借此春光明媚，农忙不远，故有此会以贩卖牲畜农具，税局可藉此获利也。

——钟玠：《鄠县庙会溯源》，参见《秦风周报》，1936年，第2卷第9期，第21页

二月二日，"药王会"。大率携香表至东门外药王庙供献之。……献毕，购米粽、麻花食之，谓可以免病。

——〔民国〕《洛川县志·岁时民俗》，民国三十三年铅印本

四月八日，娘娘庙会，妇女入庙烧香祈子。

——〔民国〕《同官县志·岁时民俗》，民国三十三年铅印本

（二）地点

瓦庙岭，城北三十里有山神庙，邑人每岁正月初九日，迎神

出山，历各村报赛，至四月始送还庙。

——〔清〕《重修凤翔府志·舆地》（卷一），清乾隆三十一年刻本

织锦巷，在崇正镇城内西巷。相传岁时赛会，箫鼓喧阗，一入此巷，则巷外不闻声。

——〔清〕《扶风县志·古迹》（卷八），清嘉庆二十三年刊本

文屏山，在州城南，上有罗城，春社赛会于此。

——〔清〕《绥德州志·地理》（卷一），清光绪三十一年刊本

华胥镇，本名油坊街，在县西北三十里，民国二十二年立市，逢单日有集会。

——〔民国〕《续修蓝田县志·土地志》（卷六），民国三十年铅印本

二、庙会的由来与场景

（一）由来

京城街道，有执金吾，晓暝传呼，以禁夜行。惟正月十五日夜，敕许弛禁，前后各一日，谓之放夜。

——〔晋〕葛洪《西京杂记》

孙子有故居在鉴山畔，有祠在麓，今皆为奉祀所矣，俱道士主之。先是有痿痹人或杖扶而来，或人负而至，祈佑于神，眠于洞中，辄梦神治疗，醒即舍杖而归，释负而云。故鉴山香火以关中为盛，虽华岳吴镇弗逮焉。

——〔明〕马理《千金方·序》

为方社之神，故曰高陵后土宫。我太祖高皇帝初制天下，乡饮酒礼，府州县行之学宫，社饮酒礼，里人百家，行之社祭。之后故今，东街社人，春祭神以三月十八日，即古祈谷之意，其遇雨而贺，即古秋报之意，其他遇旱而雩，遇灾而禳，遇疾病而祷，遇无子孙而乞，皆于神所然。惟祈谷之礼既毕，社人序齿，燕饮犹存初制，而神为方社，审矣，夫神既主一方，生民之命，是默赞天地之泰，阴畅山川之郁秀，毓品汇之生保，兹蒸民申眷穷，独使君子获福，足劝为善，小人获祸，足惩为恶，则一方人众，戴神真如慈母，畏神真如鸣雷矣。

——〔明〕《高陵县志》（卷二），明嘉靖二十年刊本

《邑里绝句》 李因笃
将军霸略启秦皇，数请田围入故乡。
社火村中延庙貌，时来鹰隼叫长杨。（王翦为敝村社神）

——李因笃：《邑里绝句》，参见〔清〕《富平县志》（卷八），清乾隆四十三年刻本

自此，城隍若为神衔云。韩之城隍庙，于艮隅邑候，祀岁时

如制，而邑民则殷于秋报赛会于八月之念，荐牺荐乐，分隅竞胜，蒸煤烹燔，则弗欲露。陈特为殿，以设之笙鼓管钥，则弗欲霖。

——〔清〕《韩城县志·艺文》（卷十一），清乾隆四十九年刻本

县必立市，市之大者曰镇，古来镇将居守之地。后为商贾之区。遂借以为名也，趁市曰集，又曰会。集者聚也，朝而聚集，日昃而散也。会者，就也，四方商货所就会也，岁春冬一、二大会，必张棚盖厂，迎神演剧，俗谓之香火会，则市会亦因报赛而名焉。然其中有一种无赖之辈以赌博为生涯，借会集为网局招群，引类设法，圈骗富家子弟入其阱内，甲长里排堕其术中，因而耗费家赀，拖欠国赋，甚且索逋而争穷极，为匪人命盗窃多从此起，凡官斯土者宜留意焉。

——〔清〕《白水县志·建置》（卷二），民国十四年重印本

（吴汝），麟人戴如慈父母，称曰吴爷，为祠以祀，岁十月，鼓吹迎神，演剧报赛，三日乃已。论曰：麟令多矣，汝为去今几三百年，独歌颂不衰，抑何感人若是哉！

——〔清〕《麟游县新志草·官制》（卷四），清光绪九年刻本

岩封上郡扼边屯，路入雕阴景一新。
井里每祈三月社，香花都赛二郎神。
灵风肸蠁旌旗闪，磴道逶迤罗绮春。
犹记蕲王驰劣马，英标想见绝飞尘。

——沈与燧：《绥州八景诗·雕山春社》，
参见〔清〕《绥德直隶州志》（卷八），清光绪三十一年刊本

真武庙，在城北饮马桥外蟠龙山前……每岁上巳日庙会，朝山进香有来自数百里外者，殿宇巍峨，河山环绕，为县治八景之一。

——〔清〕《米脂县志·风俗》（卷六），清光绪二十九年钞本

民元初，余从先师王敬如先生办军需，至鄜过耀，展谒仙祠。适为驻军焚毁。闻不久邑人重修，即复旧观。今庙貌庄严，为陕名胜。每岁仲春大会，进香者摩肩接踵，络绎不绝。

——黄竹斋《孙思邈传》

（二）场景

岐下频年大旱，祷于太白山辄应，故作《迎送神辞》五章：

雷阗阗，山昼晦。风振野，神将驾。载云罕，从玉虬。旱既甚，蹶往救，道阻修兮。

旌旗翻，疑有无。日惨变，神在涂。飞赤篆，诉阊阖。走阴符，行羽檄，万灵集兮。

风为幄，云为盖。满堂烂，神既至。纷醉饱，锡以雨。百川溢，施沟渠，歌且舞兮。

骑裔裔，车斑斑。鼓箫悲，神欲还。轰振凯，隐林谷。执妖厉，归献馘，千里肃兮。

神之来，怅何晚。山重复，路幽远。神之去，飘莫追。德未报，民之思，永万祀兮！

——〔宋〕苏轼：《太白词》，参见〔宋〕苏轼著，傅成、穆俦标点：《苏轼全集》（卷三），上海古籍出版社，2000年，第33页

鸣锣击鼓天黄昏，老姆稽首如蚁蟠。
板胡喊盆震地起，鬼怪峣崎相鏖吞。
女儿百十拥队出，曳朱点翠如天孙。
神祇若来云若垂，节拍未竟新者奔。
君不见丰年黍稔未弥垅，夜半科催方柝门。

——〔明〕康阜：《观东岳庙赛神》，《康德瞻集》，参见焦文彬编选：《中国戏剧志·陕西卷·艺文》（卷十二），1987年3月，第3页

千斯箱，万斯纺，绩均劳，谁忍私？衣食礼节，秩尊卑，春秋报祀，恒多仪，牺牲肥腯，羞甘饴。

——〔清〕《蒲城志》（卷四），清钞本

（三月）十五日，为邑人登华之期。自云台观上至松桧峰，往来交错于峻岭邃谷之间。是月，岳庙会期起于望，讫晦而止。商贾云集，兼之四方香客结社而至，喧阗之声彻数十里外。朝礼西岳布施香，住持黄冠亦藉是获终岁之计。

——〔清〕《华阴县志》（卷二），民国十七年铅印本

太微宫之东，亦有巍山娘娘庙。张士佩曰："娘娘庙者，稽之乡社之礼而协焉，虽多不为频，何也？"坤称母娘者，母之谚也。社者，土之神也，夫人食地之毛，而春祈秋报，此乡社之礼，古有之而遗于今者，大多古风，故娘娘庙独多焉。

——〔清〕《韩城县志》（卷二），清乾隆四十九年刻本

远上云山翠霭隈，寅僚着屐共追陪。
心香一瓣酬神贶，手沐三熏拜佛来。
仿刻韩公为撰石，偕登偃伯示休台。
瓜期计数今犹早，且喜棠阴偏地栽。

——任佺：《奉咏李仁山牧伯登白云山》，参见〔清〕《葭州志 11 卷·序》，民国二十二年石印本

《祭城隍庙迎神送神辞》 明侍郎 惠世扬（邑人）

元云开兮，闾阎鉴观下民兮，精气合阳杲杲兮，方升皷钟兮，镗烂昭昭兮，繁会纷陆离兮，杂沓仰五色兮，榱桷沛连蜷兮，掬芳椒神之来兮，穆穆望孔盖兮，绛霄右迎神；

神慌惚兮，焉如馨明德兮，不吐日昧昧兮，将沉散于馨兮，门庑两旸若兮，多荷一方兮，案堵歜息不见兮，惝恍无闻，兰膏华镫兮，继日之昕焱遐举兮，氤氲神人允协兮，苾苾芬芬，右送神。

——〔清〕《清涧县志·祭文》（卷八），清道光八年钞本

谚云：春社无雨莫耕田，秋社无雨莫种园。

——〔清〕《定远厅志》（卷五），清光绪五年刊本

乾永古朴，无杂戏，每逢佳辰令节，酒醴肴核，各从其便，家人父子，各尽其欢。惟元宵社火，扮演故事，船灯竹马，采茶秧歌，近今始有，古昔无之。

——〔清〕《永寿县重修新志》（卷四），清光绪十四年刊本

庙会

……社火与影戏，彻夜事游嬉。或者呼卢枭，一掷挤家赀。

——严如煜《论农词》，参见〔清〕《宁羌州志·艺文志》（卷五），
清光绪十四年刻本

每岁三月三日、四月八日，各庙祝斋醮祈福，道场颇称繁盛。间有斋友作会首，皆平日长守斋不茹荤者。官为禁之。

——〔清〕《凤县志·岁时民俗》，清光绪十八年刻本

至祀庙酬神，各寺庙遇会，有酿金焚献演戏者，每年出俸之费亦不菲也。

——〔清〕《绥德直隶州志·风俗》（卷四），清光绪三十一年刊本

会馆虽多属陕西，秦腔梆子响高低。
观场人多坐板凳，炮响酬神散一齐。

——〔清〕定晋岩樵叟：《成都竹枝词》，《莘野先生遗书》（上卷），参见焦文彬编选：《中国戏剧志·陕西卷·艺文》（卷十二），1987年3月，第24页

入冬田家息，既筑其场嗣。
妇子聚欣欣，一幅豳风谱。
围炉笑语温，明日报田祖。
余乐洽比邻，羔洒不胜数。
今年大作社，村巷阗然鼓。
奚图利与名，此乐忘今古。

按：武淑，字恬鸿，富平人，生活于清同治、光绪时代。著《仪

阁诗稿》一卷。《田家乐·秋》中又云"秋光到田家、共尝报赛胙。"

——〔清〕武淑：《四时田家乐·冬》，焦文彬编选：《中国戏剧志·陕西卷·艺文》（卷十二），1987年3月，第36页

佳节清明候，却逢上巳晨；
杏花香野店，社鼓赛群神。

——〔清〕康乃心：《寒食村居》，《莘野先生遗书》（卷上），焦文彬编选：《中国戏剧志·陕西卷·艺文》（卷十二），1987年3月，第11页

山村社戏赛神幢，铁拨檀槽柘作梆。
一派秦声浑不断，有时低去说吹腔。

——〔清〕陆箕永：《竹枝词》，焦文彬编选：《中国戏剧志·陕西卷·艺文》（卷十二），1987年3月，第13页

才过中元又下元，赛神箫鼓巷头喧。
年来台阁多新样，都插宫花扮杏园。

——〔清〕洪北江：《观西安赛社》，《洪北江集》，焦文彬编选：《中国戏剧志·陕西卷·艺文》（卷十二），1987年3月，第23页

曼衍鱼龙百戏场，分棚啸侣各行觞。
春人来去纷如织，箫鼓千村赛药王。
（自注：岁以中春报赛五台，游侣纷集，藉地群歊，靡问宵旦。城东数里，然灯于路，望若星灿，门不牝者几多夕。）
遂从鱼鱼礼佛还，香山一月启禅炎。
笑它脑满肠肥客，不上莘山上素山。

（自注：香山即大三石山也。赛会之盛与五台略同。）
双竿百尺俛城埒，斜曳长绳欲上天。
正是踏春寒食节，健儿身手试秋千。

——〔清〕顾曾炬：《华原风土词》，焦文彬编选：《中国戏剧志·陕西卷·艺文》（卷十二），1987 年 3 月，第 28 页

乡镇赛会，外商云集，其交易每视大集为盛，附禄之，亦留心实业者所当知也。

——〔民国〕《鳌屋县志·建置第二》，民国十四年铅印本

余如乡村赛会，拜偶像，演戏剧，有祈子会、朝山会、湫会、醮会、迎驾会、刀山会、射火放花会等，香火甚盛，荣而忘倦，相沿已久，推厥原因，亦由信仰神权渐变为娱乐也。

——〔民国〕《岐山县志·信仰》（卷五），民国二十四年铅印本

从农历三月十二日到十六日，（周公庙）前有五天对台戏，这是最盛的五天，十二以前便有许多人赶到，安设小摊，专卖饮食和一些农具……来赶庙的人，不下六七万人，狭长的山沟，塞得水泄不通，附近的人，可以当天回去，路远的都在庙前庙后露宿，他们为了求福、求财、求子、求孙，便忍受了一切疲倦……

（凤翔）府城隍庙的会期，是农历三月廿四到廿六日，照例演戏三天，虽然它的势派比周公庙小些，但周围数十里以至百里的民众，都听它的号召，到会的人，不下三四万。

——李泽民：《从岐山周公庙会说到凤翔府城隍庙会》，《西北向导》，1936 年，第 4 期，第 28-29 页

山中山外货云屯，酒肆茶寮闹市门。
红日渐高人扰扰，万头攒动晨又昏

——〔清〕王时叙：《商州山歌》，见〔民国〕
《续修商县志稿·人物》，民国三十年刊本

秋赛，多用伶人演剧（亦古者出事有成，报赛乐歌之意。）各乡秋收后，皆具定日，赛会演剧，以酬神祇，商贾云集。

——〔民国〕《洛川县志·岁时民俗》，民国三十三年铅印本

立春前一日，地方长官迎春，乡民闹社火。……十五日元宵，街市旁张灯火、花炮，以石炭垒作幢塔状（名"火塔塔"），朗如白昼。十四、五、六三日，阖邑僧众于十字街前作斋醮，关外以高粱杆栽周圈作灯市，回环、弯曲（俗谓此即当年之黄河阵），游观者如云（名转九曲）。

——〔民国〕《米脂县志·岁时民俗》，1944年铅印本

十堡春来赛社忙，新年酒煮麦仁香。
客来客去随心饮，坛口中安一管长。

——《社酒》

崖上宫墙下戏场，山南山北柏枝香。
千金方使万人活，箫鼓年年拜药王。

——田汉《游药王山》

明代地方人士崇拜先贤之风兴起,药王洞真人之祀日见昌盛。

——成逊三《药王山与孙思邈》

天爷,即玉皇大帝,诞辰为农历正月初九。办"天爷会"是为了庆贺玉皇大帝的生日,每年正月初九至十一,男女信士必聚集玉皇楼叩拜。……城固县从1934年以来,办会之风鼎盛。柳林镇、许家庙、西原公三处规模最大,仪式最隆重。经费全由善男信女自愿捐助或奔走四方募化而来。……会期内,为使各路香客欢愉,往往双台演戏,还扎九曲黄河灯,兼放大型杆架焰火,热闹异常。……大小庙门,全贴金字对联,其中正门书写:劫后余生期上帝早回哀眷;春初集会与下民同结善缘。……

(城固天爷会)第三天中午会日即将结束,按礼俗大抢黄河灯。远近农民早做准备,把扎黄河灯用的麻杆纷抢一空。即使抢到一根也如获至宝,拿回家放在床头,或供于神龛,借以除邪兴家。

——王祥玉:《城固天爷会》,参见张双林编著:《中国庙会大观》,工商出版社,1995年,第310-311页

三、评述庙会

近代以来,都邑百姓每至正月十五日,作角抵之戏,递相夸竞,至于糜费财力,上奏请禁绝之,曰:臣闻昔者明主训民治国,率履法度,动由礼典,非法不服,非道不行,道路不同,男女有别,防其邪僻,纳诸轨度,窃见京邑,爰见外州,每以正月望夜,

充街塞陌，聚戏朋游，鸣鼓聒天，燎炬照地，人戴兽面，男为女服，倡优杂技，诡状异形，以秽嫚为欢娱，用鄙亵为笑乐，内外共观，曾不相避，高棚跨路，广幕陵云，袨服靓妆，车马填噎，肴醑肆陈，丝竹繁会，竭赀破产，竞此一时，尽室并孥，无问贵贱，男女混杂，缁素不分，秽行因此而生，盗贼由斯而起，浸以成俗，实有由来，因循敝风，曾无先觉，非益于化，实损于民，请颁行天下，并即禁断。康哉雅颂，足美盛德之形容，鼓腹行歌，自表无为之至乐，敢有犯者，请以故违勅论，诏可其奏。

——〔唐〕魏征：《隋书·列传第二十七》（卷六十二），清乾隆武英殿刻本

元末天下乱，儒者皆解散，书院毁于兵，庙幸独存，而今守祠者仍为道士矣。庙始末事，概见者如此。此庙中为正殿，奉周公；东西二小殿，以奉太公、召公；东北别有小殿，奉姜嫄。凡庙之仪与冠冕服之制，皆粗鄙不合礼。又正殿前有戏台，为巫觋、优伶之所集，而殿中列以俗神野鬼之像，尤极淫怪。余因叹曰："周公制礼作乐，以宪万世。其殁实祀以天子之礼乐。今其庙制奈如此，世人不知礼一至是乎。

——〔明〕王祎：《谒周公庙记》，参见〔民国〕《岐山县志》（卷九），民国二十四年铅印本

各乡士民，年年常有无益之置，如宾会迎神唱戏之事，所费不少，若将此费省买为社本，年年借还，日渐加多，永为地方公物，缓急有济，化无用而为有用，为美举积多者。

——〔清〕《镇安县志·艺文》（卷十），清乾隆十八年钞本

春祈秋报，原所不废，然行乎其所当行，应止乎其所当止，邑信巫觋尚淫杞，演戏酬神，不惜重费，此风最盛，尊信之深，牢不可破。夫神聪明正直，惟德是辅，尔等果能孝亲敬长，勤业务农，足不履城市，身不到法堂，便是无量之福。虽拈一炷香，烧半幅纸，神必佑之。若不孝不悌，作奸犯科，纵日日设醮，演戏建庙念经，徒费财无益。况邑之戏会，名为事神，实为开赌，甚且有收赌钱以还戏者，丧辱身名，诱坏子弟，殊堪痛恨，深可怜惜，若使各村各堡，以戏会之钱，为积谷之本，改焚符烧香之会为买粮救荒之计，从睦姻任恤之中作福德果报之基，诚为真正善事。此条先年富平令乔履信行之，余故节采其说，邑之人士其尤而效之可也。

——〔清〕《同官县志》（卷四），清乾隆三十年钞本

圣人感应之际微矣哉，而其理不过曰诚而已。愿人以诚感天，以诚应此理之常，无足异者。若夫以诚感天而天无不感，以诚应人而人无不应，其惟赫赫姜嫄乎。……岐之卷阿，旧有姜嫄圣母庙，由来已久，列于祀典，享以少牢。每逢暮春报赛，远近祈嗣者肩摩踵接，求无不得，香火之资数百千记，此岂人故媚神欤？亦以诚足应人，而人乐于输诚尔。

——〔清〕王文德：《姜嫄圣母感应记》，清道光十三年

妇女不游观赛会，不持斋焚香。

——〔清〕《高陵县续志》（卷三），清光绪十年刻本

古来圣经无庶民朝山礼佛之训，国家律典禁烧香聚众之行，若云设醮演戏，建庙念经，可以邀福而免祸，如今年三月，天降冰雹，各村堡岂无设醮演戏者乎？岂无建庙念经者乎？与其以有用之钱妄祀泥形木偶，杳冥不可知之神，何如积谷贮粮，救荒歉于不可必之天乎？夫神道设教，古有明训，盍禁尔等之不祈报耶？惟神聪明，正直惟德，是辅尔等果能孝顺父母，恭敬长上，勤务本业，即是善人，虽拈一炷香，烧半幅纸，神必佑之，岂曾计及于尔享祀之厚薄以为福报之多寡乎？传曰，务民之义，敬鬼神而远之。又曰，未能事人，焉能事鬼？倘尔等不孝不悌，作奸犯科，纵日日设醮演戏，建庙念经，神方降之百殃，又何福之能祈也？

——〔清〕《富平县志稿·经政》（卷四），清光绪十七年刊本

淫戏宜禁也，春祈秋报，戏会梨园亦观，蜡之遗。至多方装演，备诸蹀躞，妇女杂观，俗名花鼓，村农牧竖，曼声长歌，游手博徒，托身溷迹，暗伤风化，莫此为甚，长吏严申禁约，有犯必惩，使其销声匿迹，亦维持风教之事也。

——〔清〕《洵阳县志》，卷五，清光绪二十八年刻本

然二郎神会，相传前明正统中三月二十八日，卤围城，守御祷神，射卤退，遂大建庙宇。每年三月初九日，州人于请神庙响锣，名曰试锣，其锣以妥疆边、边疆妥六字为音，自次日脚子起，每日数十人，各负刀枪旗钺，随锣声游庙，由城至关，经保障砭，登文屏山，如衔枚直走状，不与人言，至十二日，于各庙中顶三清、三官、东岳、关帝、二郎、龙神、城隍等神，至南关关帝庙

中供俸，名曰请神，其各像惟三清三官为画像，余用泥捏塑，各以一人顶之，惟有毛郎神以木像为之，以铁丝为须，坐木框，用四人舁之，不与众神并列，安庙门外，另供俸。十三、十四等日，在关帝庙献戏三日，水陆果菜香椁等，仪极齐备，十六日齐集仪仗，较脚子更增数倍，笙乐鼓吹，由南关迎城内，请神庙安设，供献亦如前仪，名曰迎神，至此香花献戏，无日不有。至二十一，复顶诸神舁毛郎，自城内山至南关文屏山绕匝周流，名曰街。二十六、七、八等日，称为正会，四方商贾毕至，请诸神上会，又增花卉数杆，每锣声起，则众口齐呼，上会攀花，名曰转山。数日，各村乡男女，皆至为牲畜祈禳者，用黄纸钱披背，乡人往往如是，小儿则用黍杆三枝作为三角像，缠黄纸戴项内，意取戴枷解孽。然诸神皆从容顶戴，独毛郎一神劣谲异常，舁之东奔西撞，酒市饭馆不拘，各商米粟杂货等物，往往舁之不顺，踏跐拥挤，多致粉碎，人见其来，皆股栗俯伏，焚化纸钱，祷其安静。三日毕，锣声遂止，亦不复跑脚，亦不复供献，择日送神，会事终焉。雍正初年，署州牧王以顶神违例，裁革严禁。适是月，风沙竟旬，屡征变异，于是乡民皆以革会为辞，州牧乃令州人于四月二十八日补之，自此乡民愈加崇信，官府亦不复禁，任其成为乡俗。

——〔清〕《绥德州志·杂记》（卷八），清光绪三十一年刊本

"乡俗好祀神，社会演戏，年不下数次，虽春祈秋报，农家故事，然男女杂沓，焚香拜祷，赌博争斗，动兴狱讼，转移之术，正有赖于主持风教者。"

——〔民国〕《宝鸡县志·风俗》（卷十二），民国十一年铅印本

为严禁妇女游会烧香以端风化事，照得风化，首重淳朴，德

行最先廉耻，男耕女织，各务本业，屏绝游玩奢华，则习俗日臻于古汉南，为周召化行之地，风清俗美，自古所称。近年以来，每逢城关内外，各庙宇赛会演戏，老幼妇女三五相结饮酒看剧，聚集终日，或于神圣诞日焚香祈福，男女混杂，甚至游棍从旁讥谑，岂非自取其辱？试思妇人无外事居家，则言不出□，出外必拥被其面。凡以严内外之防而正男女之分，嫂叔尚不通问，授受尚且不亲，何况茶棚酒棹稠人广众之地。男女不分，殊觉有关体面，此皆乡愚无识父兄男子不加约束所致，殊堪痛恨。查妇女入庙烧香久干严例，现并奉上谕饬令各省申明严禁除饬，差严行巡查外，合行剀切，出示晓谕为此，示仰合属各神庙会首及乡地人等知悉，嗣后每逢会期即先抄本道告示张贴，凡尔乡地居民人等，务须遵奉示谕，夫教其妻，父教其女，兄弟教其姊妹，共守闺训，毋再游会烧香，如有不尊者，一经本道查出，定将该妇女本夫究处，如无本夫者即惟族亲属父兄子弟伯叔人等是问。原乡地人等务即将此示通传晓论，自示之后，倘更有似此闲游妇女，定将该管乡地一并责征决不宽贷，各宜凛遵毋违特示。

——余正焕：《禁止妇女游会烧香示》，参见〔民国〕《汉南续修郡志·艺文》（卷二十七），民国十三年刻本

各庙会期不胜载，祭神赛会，各季皆有，惟春日为多，以农暇日和故也。自正月元旦，不事交易，不行贷者，亦过破五，故至十六日，乡间无事，赌博弗禁，初赌甚微，继则增高，至会期各处，设有赌棚，乡民聚赌，往往倾家破产为害最烈。省西各县，冬会赌场颇甚，邑惟春季。妇女迷信较男子为甚，为每有休咎，求神问卜，遂许神以报名，曰许愿，有愿必报。惟每遇天气亢旱，则祈雨祷神，举邑若狂，甚者病不求医，而光问神，南乡一带，

日有所谓神婆者，言卜言咎，而北乡则马角之风，春季盛行，皆不可不急禁除也。

——〔民国〕《澄城县附志·经政志》（卷三），民国十五年铅印本

民人对于公益救济事宜，恒吝惜不解。独于修葺庙宇，迎佛赛会，反踊跃争先，抑亦风教之急，宜矫正者也。

——〔民国〕《横山县志·风俗志》（卷三），民国十八年石印本

按城隍庙，除县城外，各镇皆有，每岁皆于八月二日报赛演戏，而北乡又有游城隍三尊，皆合数十村为一社，轮流迎送，每岁皆于冬十月望日报赛，角胜斗靡，竞相夸耀，演戏一台以至三台，人物杂沓，士女云屯，而甲村报赛后乙村迎谒时，每扮文武祭官，旗旄导前，骑卒拥后，高牙大纛，金鼓喧阗，观者云集，颇极一时之盛，官吏禁之不止也，此虽社会习惯，然亦可想见昔时人物之雍熙，今则鞭之不来矣。

——〔民国〕《鄠县志·祠庙》（卷二），民国二十二年铅印本

四月八日为城隍神庙会，城乡男女焚香膜拜，拥挤几无隙地，恶习成风，牢不可破。

——〔民国〕《续修醴泉县志稿·风俗志》（卷十），民国二十四年铅印本

百姓勤本业，家给户足，招提、兰若，淫祠之纷纭，赛会香

火演剧，无益之财费穷丽极，物家则户率而高墉。

——〔民国〕《续修醴泉县志稿·建置志》（卷四），民国二十四年铅印本

年前扮演杂剧，本傩以逐疫之义，乡人借以为乐，未为不可，俗名社货，平声，同州谓之射虎，扮出戏文，使人猜谜，盖射覆之转音，在丰年尚无大碍，凶年则耗有用之财作无益之费，一二无知，狂童倡之于前，为父兄长老者，知其不可而不能禁止，使贫无力者，受其抑勒摊派，时绌举赢，所伤实多，营业不无藉以谋生，究之所益者少，而所害者不可胜计矣。又有惯赌土棍，只图自利不顾贫人生活，尤可恨也。麦后敬马神，秋收后敬龙神，均以演大戏为敬，近水所在风俗不异，况在荒年，尤为恶习，牢不可破。盖人皆饥而己独饱，非情理之平也，且聚赌所在，盗贼麕集，男女混杂，伤风败俗，耗财旷业，鲜不由此，所当戒也。诗礼之家，妇女不令出入寺庙许愿酬神，而远近烧香、上会、观剧之习，无地无之，至有衰经在身，不知避人，公然与会，则丈夫父兄不能闲家，咎有应得，戒之戒之。

——〔民国〕《续修蓝田县志》（卷十一），民国三十年铅印本

妇女重节孝，知廉耻，无事不出里，闲不游观赛会，偶过市廛，必以绉纱帐面，遵礼经出入必蔽其面。

——〔民国〕《米脂县志·民俗志》（卷四），民国三十三年铅印本

后　记

　　大约只有直接参与到庙会活动的现场，才能切身领略到地方社会中时空交叠的丰富与多义，才能深刻理解具体地方社会中每个人在社会网络与日常生活中的行动逻辑与情感表达。而无论多少文献的梳理、理论的概括、文字的表述，似乎都无法真正抵达那种理性与感性交织的境界，那充满秩序性、节奏感的仪式过程，又饱含深情、旷达轻松的狂欢场面，在约定的时间段内，在不约而同的空间当中，人们聚集参与在一起，祭祀、祝祷、祈福、装扮、歌唱、舞蹈、呐喊、吹奏、聆听、观看、品味、交流，共同奏出了一首首通透浓烈、拥趸喧闹的社会交响曲。

　　但是，这种温情脉脉的社会活动，面对着自身植根衍生发展的农耕社会背景与儒家文化底色，持续性地发生巨大变化与明显松动，并裹挟在农业、工业、信息等多重社会意识形态、以及各种物质、资本、网络交汇的时代洪流当中，已经呈现出文化失落感与不适应性等突出特征。伴随着城镇化的发展过程，千年以来农耕社会中相对稳定与静态化的生计方式、居住格局、家庭结构、人际关系、商贸往来、生活场景等出现了诸多复杂变化与多元并存的情形，而这恰是庙会活动千年以来持续发展至今日，不同以往又亟需面对的传承发展的现实状况。如何面对上述状况来传承和发展庙会活动，是需要深入思考与讨论的话题。

　　身处全球化的时代，国家之间在政治、经济贸易领域互相依存，互利共赢，同时也需要面对文化多元性与对话性的社会现实。庙会在这样全球视野的时代背景下，早已从单一的、静态化的社会内部视角中跳脱出来，成为一种与"他者"互视的"我者"外化形态。可以说，如何更好地理解庙会，就是如何在当下民族国家视域中更好地理解社会文化意义上的"自我"。这既是传统文化的社会实践过程，也是历史发展的动力源泉，更是本土文化延续的重要契机。

但这并不是说，正本溯源、恢复历史、强调知识建构就是传承发展庙会活动。应该看到，庙会活动之所以能够鲜活地延续到今天，并非仅仅存在于文字记载的知识建构与文化系统当中，而是有着更深厚的现实对话性与社会实践感，其重要的特征有两点：

一是庙会活动中或隐或显地具象化、现实性地表达地方社会文化的精神内涵。其中包括对不同神祇的敬拜，对社会伦理道德的强化，对社会文化的认同感、对文化时间的呈现与塑造、对地方性知识的彰显等。二是置身既有社会结构中民众的主体性实践过程。正是这个主体性实践过程，构成了个体与个体、个体与群体、群体与社会之间关系的多重角度与多维空间，从而通过多元化、能动性的不同声音、各类表达来丰富、充盈地方社会生态中的人文内涵与情感世界。

这两点恰恰说明，面对社会巨变与多元话语的时代，庙会活动的传承与发展，仍然具有强大的内在文化向心力与社会生命力。而其文化向心力与社会生命力，又将社会文化的知识学传统与具体的社会现实勾连了起来，即庙会文化视域下共时性与历时性特征的叠加和交汇。一方面，依然延续政治、知识群体通过意识形态、社会资本、文化传播进一步对地方社会文化引导、塑造、建构的过程。而另一方面，民众群体也不再只是地方社会文化传承发展脉络中混沌一片的失语者与回音壁，他们的主体实践过程、行动逻辑、甚或是在新媒体语境中的各式表达，也成为另一重知识生产的过程，构成了庙会活动传承、发展中重要的发声体与共鸣腔。在地方社会中，在承认主体间性的基础上，呈现、关注多元主体性及这两方面的互动、汇聚又充满张力的实践过程,才真正构成新时期社会背景下庙会活动的生长点。

感谢主编张志春教授,感谢责编张静女士,能够耐心、细致地给予我这样一个宝贵的机会,一个得以深入了解地方社会中庙会活动的重要机会。本书在这里就要划上句号,但这不仅仅代表一个思考过程的结束,更是一种思考维度的起点。

感谢我的父母,对我的关心与爱护,那种深厚的关爱,赋予日常生活以庄严与温馨同在的重要意义。感谢我的先生,对我的理解与包容,在从事繁忙学术工作的同时,与我一起携手构筑小家庭的美好图景。

影舒于长安崇业坊

2022 年 10 月